Lo que NO Tienes que Hacer para Tener Éxito en tu Vida

Una guía definitiva para mejorar tus hábitos y lograr tus sueños

Por
KEITHA ROJAS

© Keitha Rojas 2023

Editorial Legado Latino

Maquetación, Edición y Portada: LEGADO LATINO EDITORIAL

Todos los derechos reservados. No se permite la reproducción total y parcial de esta obra ni su incorporación a un sistema informático, ni su transmisión en cualquier forma o por cualquier medio (electrónico, mecánico, fotocopia, grabación u otros) sin autorización previa y por escrito de los titulares del copyright. La infracción de dichos derechos puede constituir un delito contra la propiedad intelectual.

AGRADECIMIENTOS

Quiero expresar mi profundo agradecimiento a Dios, quien ha sido mi guía constante a lo largo de los caminos de mi vida. Su amor incondicional y su infinita sabiduría han sido mi fortaleza en cada paso que he dado.

También quiero brindar un especial reconocimiento a mis padres, quienes han sido mis pilares fundamentales. Su amor y su apoyo han sido un faro de luz en mi vida, guiándome e inspirándome en cada decisión que he tomado. A través de su ejemplo, he aprendido la importancia de los valores, el esfuerzo y la perseverancia.

Además, quiero expresar mi profundo agradecimiento a mis hijos, quienes han sido mi mayor motivación y fuente de inspiración. Su amor y dedicación incondicional han sido el impulso que necesitaba para perseguir mis sueños y superar los desafíos que se han presentado en mi camino. Su presencia en mi vida me ha recordado la importancia de trabajar en equipo y valorar cada momento compartido.

A todos ustedes, les agradezco de todo corazón por darse la oportunidad de leer este libro. El escribir para ustedes y el ayudar a otros a escribir sus libros, se ha convertido en el motor que impulsa mi búsqueda de la realización personal y la consecución de nuestros sueños como familia. Su amor y respaldo son un regalo invaluable que atesoro en lo más profundo de mi ser.

Que estas palabras sean un testimonio de mi gratitud y un recordatorio de cuán afortunada soy por tenerlos en mi vida.

DEDICATORIA

Este libro está dedicado con amor y gratitud a mis hijos, a mi hermano, mis padres y a todas las personas que han dejado huella en mi vida, enseñándome lecciones invaluables. Quiero dedicarlo especialmente a aquellos valientes que, al igual que yo, luchan diariamente por hacer realidad sus sueños, a aquellos que nunca se rinden y siempre están en la búsqueda de formas de superarse. A quienes han conocido el dolor, se han tropezado y levantado una y otra vez, con todo mi cariño, respeto y admiración, les dedico estas palabras.

En este libro, he descubierto que la vida es un viaje de sanación. Cada experiencia, tanto las buenas como las difíciles, nos enseñan valiosas lecciones que nos ayudan a crecer y a evolucionar. Por eso, también dedico este libro a la vida misma, por todo lo que nos ofrece y todo lo que podemos aprender de ella. Estas líneas son un tributo a la sabiduría que se encuentra en cada paso del camino y a la capacidad que tenemos para transformarnos a través de nuestras vivencias.

A medida que escribo estas palabras, mi deseo es que este libro sea una fuente de inspiración y motivación para todos aquellos que lo lean. Espero que encuentren en sus páginas un recordatorio constante de que cada obstáculo es una oportunidad de crecimiento y que, con determinación y perseverancia, podemos alcanzar nuestros sueños más preciados.

Les invito a explorar las páginas de este libro con mente abierta y un corazón dispuesto. Espero que encuentren aquí una chispa que les impulse a vivir una vida plena y significativa.

Con profundo agradecimiento y amor, les dedico este libro, con la esperanza de que pueda tocar sus corazones y de que sea un recordatorio constante de la fuerza y la belleza que reside dentro de cada uno de nosotros. Deseo de todo corazón que sus sueños se hagan realidad y que encuentren en estas páginas una porción de la inspiración y el aliento que necesitan para seguir adelante en su propio viaje de autodescubrimiento y realización personal.

¡Gracias por ser parte de esta travesía conmigo!

ACERCA DE LA AUTORA

Keitha Rojas es una emprendedora mexicana que reside en los Estados Unidos desde el año 2000. Estudió Administración de Empresas y trabajó en el ramo de la Educación Primaria, Secundaria y Preparatoria por casi 20 años, al tiempo que seguía los dictados de su corazón incursionando en diversos negocios, incluyendo una compañía familiar de Plomería que ella administraba.

Su sueño siempre fue tener un negocio donde cada uno de sus hijos pudiera canalizar sus talentos individuales. Este anhelo le ha proporcionado numerosas experiencias que sirven como base para algunas de las historias compartidas en este libro.

Actualmente, Keitha reside en el estado de California, donde trabaja junto a sus hijos en la Editorial Legado Latino. Este negocio familiar les permite combinar sus talentos para ayudar a otras personas a hacer realidad sus sueños de escribir y publicar sus libros. Además de su rol como educadora, sigue avanzando hacia sus propios sueños, empoderando a otros en el proceso y disfrutando plenamente de las experiencias vividas. Tiene la firme convicción de que se construye el camino mientras se avanza y abraza la filosofía de disfrutar cada paso del viaje.

PRESENTACIÓN

En las estanterías, en las secciones de autoayuda de las librerías de la ciudad, o incluso en formatos digitales, encontramos centenas de alternativas que prometen conducirnos hacia el éxito, el triunfo, los logros y la felicidad.

Fórmulas variadas, recetas psicológicas, sesiones de reflexión, e incluso meditaciones... ¡La lista es interminable! Sin embargo, a pesar de contar con los sabios consejos de grandes eruditos de las finanzas, del desarrollo personal y de la evolución espiritual, aún nos encontramos en muchas ocasiones, muchos de nosotros, sin saber qué hacer.

Entonces... ¿Qué nos sucede? ¿Por qué, cuando creemos tener por fin alguna respuesta, nuestros resultados nos indican que estamos muy lejos aún de conseguir aquello que tanto deseamos?

Con este libro, mi objetivo no es llevarte por un camino que seguramente has recorrido muchas veces antes. Tampoco pretendo presentarte una única forma de hacer las cosas, ya que ni yo misma creo que tal cosa sea posible.

Inicialmente, titulé este libro "Lo que tienes que hacer para no tener éxito", pero después de un llamado interno en mi corazón, cambié el título a "Lo que NO tienes que hacer para tener éxito en tu vida". Ya sé que el título es un poco largo, sin embargo, me he resistido a cambiarlo porque siento que comunica lo que deseo decir. A través de mi propia experiencia, de mis caídas, de mis frustraciones y de mi baja autoestima comprendí que existen muchos hábitos que nos impiden alcanzar el éxito deseado, no solo en nuestra vida personal, sino también en nuestros negocios, carreras e incluso en nuestros emprendimientos.

Cuando no resolvemos estos asuntos que detienen nuestro avance, afectamos directamente nuestros resultados, especialmente cuando nos convertimos en nuestros propios jefes, ya que a veces nos puede resultar un reto ser el mejor empleado que pudiéramos tener.

Entendemos que, a pesar de la gran cantidad de libros que nos brindan consejos sobre cómo alcanzar el éxito en diversas áreas de la vida, a menudo no seguimos sus recomendaciones y, en ocasiones, ni siquiera comprendemos por qué.

En este libro, compartiré desde mi experiencia personal una serie de hábitos que considero crucial evitar para avanzar de manera efectiva evitando el autosabotaje, obstáculo que solía ser predominante en mi vida.

Encuentro que a menudo no estamos preparados para saltar las piedras que colocamos en nuestro propio camino. Observo que podemos tener hábitos que se convierten en puntos ciegos que funcionan como trampas, bloqueos y obstáculos lo cual reduce nuestra velocidad de avance, nos distrae del objetivo o nos hace perder la motivación para seguir luchando por lo que decimos que queremos.

Yo misma me he enfrentado a esa misma disyuntiva. Muchas veces me he preguntado: ¿Por qué no avanzo? ¿Por qué pareciera que estoy dando vueltas en círculos? En este libro, te invito a explorar esas preguntas y a descubrir las respuestas que te llevarán por el camino de tu plenitud, logrando por consecuencia eso que tu defines como éxito personal.

El proceso de auto exploración y búsqueda interna puede parecer desafiante, pero es en este viaje hacia nuestro propio ser donde encontramos respuestas significativas y nos conectamos con nuestra verdadera esencia. Requerimos dedicar tiempo y energía para examinar nuestras creencias, valores y pasiones más profundas. A través de la reflexión y la introspección, podemos conectar con nuestro propósito y con los sueños de nuestro corazón.

Es importante recordar que cada individuo tiene un camino único hacia la realización personal. No hay una fórmula mágica o una respuesta única que funcione para todos. Sin embargo, al dedicar tiempo a conocernos y explorar eso que nos mueve en la vida, podemos abrir puertas hacia la claridad y la autenticidad.

Este viaje de autodescubrimiento puede ser transformador y nos permite alinear nuestras acciones con nuestros valores y metas, lo que nos lleva a una vida más satisfactoria y significativa. No se trata solo de alcanzar objetivos externos, sino de encontrar la plenitud interna y vivir en congruencia con quien realmente somos y con el tipo de persona en que nos queremos convertir.

Cada uno de nosotros debe descubrir la clave de su propia realización, pero he notado que, debido a diversas distracciones o por falta de autoexploración y claridad, a menudo nos lleva más tiempo conectarnos con nosotros mismos para obtener la certeza sobre nuestros objetivos y lo que realmente queremos lograr.

Desde mi experiencia personal, he aprendido que para alcanzar esa claridad es esencial continuar conociéndonos profundamente. Mantenernos abiertos a explorar nuestras profundidades internas es crucial, ya que las fuentes de nuestra auténtica felicidad suelen estar ocultas, como diamantes en bruto entre las rocas, y requieren que profundicemos en nuestro interior para encontrarlas.

En las últimas décadas, hemos estado expuestos a una variedad de conceptos sobre el éxito y la prosperidad que, siendo sinceros, a veces parecen fuera del alcance de la mayoría de nosotros. Por un lado, se ha idealizado en gran medida un estilo de vida que, en mi opinión, ha sido en cierto modo distorsionado debido a la influencia de las redes sociales, creando una percepción errónea de lo que realmente significa el éxito auténtico para cada uno de nosotros.

Por otro lado, nos encontramos con que estos ideales nos parecen inaccesibles no debido a nuestras capacidades limitadas, sino porque el camino hacia ellos requiere que reconozcamos tanto nuestras limitaciones como nuestras habilidades. Esto se complica porque, en muchos casos, vivimos en un piloto automático del que no somos conscientes. Estamos atrapados en la rutina de sobrevivir, pagar las facturas y cubrir los gastos mensuales, a veces sin metas claras y sin una comprensión sólida de quiénes somos y cuál es nuestro verdadero potencial.

Mi objetivo no es dictarte un camino a seguir, sino alentarte a que descubras tus propias respuestas. Te invito a conectarte contigo mismo, a explorarte, a autoanalizarte, a encontrar y fortalecer tu voz interior, a amar tu historia personal y, desde ese lugar de autoconocimiento y auténtico amor propio, a encender los motores de tu cohete personal y elevarte hacia nuevas alturas.

Y no lo digo en sentido figurado, lo digo realmente de todo corazón creyendo fervientemente que esto es posible para cada uno de nosotros, solamente debemos estar dispuestos a pagar el precio y a nunca darnos por vencidos, porque es justo ahí, pasando las montañas de las dificultades, que podemos encontrar el progreso, el avance, el autoconocimiento, el auto reconocimiento y la seguridad que necesitamos sentir cada vez que alcancemos una cima, para seguir trabajando en lograr metas más altas.

En las próximas páginas, confío en que encuentres la motivación necesaria para seguir avanzando en tu búsqueda constante de superación personal, y la determinación para liberarte de los hábitos que requieren de atención, para alcanzar lo que deseamos en nuestras vidas. Mi propósito al escribir este libro es revelar las limitaciones que nos aprisionan, y nos mantienen anclados a patrones y hábitos saboteadores, impidiéndonos vivir y disfrutar la vida que realmente anhelamos.

Para salir adelante no necesitamos que sólo se nos diga qué hacer, sino también poder sentirnos acompañados en nuestro propio e individual proceso de crecimiento personal. Que sepas que cuentas conmigo ha sido precisamente el motor de mi sueño al escribir este libro.

El mensaje que encontrarás en estas páginas es, en realidad, que nunca te des por vencido y que nunca te canses de seguir intentándolo. Aprende de lo que no te ha salido bien, observa los errores que estás cometiendo una y otra vez y para de hacer de una vez por todas, aquello que no te funciona.

Existen numerosas formas en las que podemos obstaculizar nuestro propio progreso, pero desde mi experiencia personal, lo más aconsejable es detenernos, reflexionar y asumir la responsabilidad de nuestras acciones para tomar el control de nuestra vida y lograr cruzar con éxito el río.

A menudo, no somos conscientes de nuestro verdadero potencial, lo que nos expone al riesgo de convertirnos en marionetas de las ideas e intereses de otros. Mi objetivo con esta lectura es que descubras tu grandeza interior. Imagina esta lectura como un espejo de honestidad total que te refleja el camino hacia un mayor autoconocimiento.

En cada uno de los capítulos de este libro, explorarás una serie de hábitos que debemos abordar, identificar y cambiar. Si no hacemos estos cambios, seguirán siendo obstáculos en nuestro camino hacia el éxito en la vida personal, profesional y empresarial.

Te invito a comprometerte contigo mismo para realizar los cambios necesarios. Planifica tu semana, establece desafíos personales y trabaja en la construcción de una versión mejorada de ti mismo. Esto te permitirá alcanzar tus sueños y objetivos.

Disfruta este viaje hacia una vida exitosa a tu manera y en tus propios términos. Eres un ser humano único y maravilloso, con la capacidad de lograr todo lo que te propongas.

Querido lector, te animo a emprender tu propio viaje de autoexploración, a hacerte las preguntas difíciles y a mirar hacia adentro en busca del tesoro escondido de tu felicidad y realización personal. Este libro ofrece herramientas, reflexiones y ejercicios prácticos para apoyarte en esa búsqueda y guiarte hacia la claridad y la conexión contigo mismo. Que estas páginas te inspiren a excavar en tu interior y a descubrir la riqueza que reside en ti.

Con todo mi cariño,
tu amiga Keitha Rojas

Este manual es para aquellos que se atreven a entrar al horno del alfarero, a transformar su mentalidad, a salir de su zona de confort y volar con sus propias alas.

Tabla de Contenidos

Capítulo 1 — **31**
El hábito de Vivir Desenfocado

Capítulo 2 — **69**
El hábito de Malgastar tu Tiempo y tu Dinero

Capítulo 3 — **103**
El hábito de Pensar Negativamente

Capítulo 4 — **143**
El Hábito de Descuidar Tu Salud

Capítulo 5 — **173**
El Hábito de Ignorarte

Capítulo 6 — **209**
El Hábito de Resistir al Cambio

Capítulo 7 — **233**
El Hábito de Descuidar Nuestras Palabras

Capítulo 8 — **263**
El Hábito de Procrastinar

Capítulo 9 — **305**
El Hábito de Permanecer en el Pasado

Capítulo 10 — **331**
El Hábito del Apego

CAPÍTULO 1
EL HÁBITO DE VIVIR DESENFOCADO

Revisa Tu Enfoque

Para lograr el éxito en la vida, hay algo que debes evitar a toda costa: nutrir el hábito de vivir sin dirección, permitiendo que se instale cómodamente en tu mente. Este hábito, sin lugar a duda, encabeza la lista de obstáculos que obstruyen el camino hacia la realización de nuestros sueños, planes y metas. Lo coloco en primer plano debido a su impacto abrumador en nuestro progreso personal.

Es muy probable que hayas oído hablar sobre la estrecha relación entre el éxito y la definición de un objetivo claro o un propósito de vida bien establecido. Las personas exitosas sobresalen al crear proyectos precisos, establecer metas concretas y tomar medidas consistentes para alcanzar los resultados que anhelan.

Sin embargo, la experiencia nos dice que esto por sí solo no es suficiente, porque basta desviar la mirada por un instante y desenfocar tu atención y toda esta teoría de la meta, el sueño y el proyecto pasará a ser sólo literatura de bolsillo.

El origen de nuestros sueños es de suma importancia y para alcanzarlos, es muy importante entender nuestro porqué y nuestro para qué estamos haciendo lo que estamos haciendo. No se puede cosechar lo que no se ha sembrado; sin embargo, luego de soñar debemos ocuparnos de mantener el rumbo, pues descuidar nuestro enfoque nos desvía del camino, conduciéndonos hacia realidades muy distintas a las que deseábamos tener.

No cabe duda de que el orden y la organización implican tareas que nos consumen un tiempo precioso, y que la mayoría de las veces hasta podrían parecer esfuerzos innecesarios. ¿Quién quiere limpiar para que después esté sucio de nuevo? O ¿quién quiere lavar los platos, para que pronto veamos más loza sucia que lavar? Eso parece un cuento sin fin. Sin embargo, ser organizados forma parte de esas cosas que, si bien requieren un esfuerzo de nosotros, también nos generan enormes beneficios.

Cuando vivimos constantemente distraídos y desenfocados, traemos el caos a nuestra vida. No sé si te haya pasado, pero imagina por un momento que pierdes las llaves de tu casa o de tu auto... ¿Ya te ha pasado? ¡Te felicito! Entonces, ya sabes a lo que me refiero. Eso trae conmoción, estrés, caos y se podría evitar si tuviéramos la disciplina, el enfoque y el hábito de poner siempre las llaves en el mismo lugar, o quizás máximo en dos, cuando llegamos a casa.

Yo padecí de este "síndrome de las llaves perdidas" por mucho tiempo. Cuando aún vivía en casa de mis padres, recuerdo que mi padre se encargaba de decirme lo mismo siempre que me veía como gallina perdida, buscando mis llaves por toda la casa. Deja tus llaves siempre en el mismo lugar hija, me decía, y yo, me sentía abrumada por el comentario. Pero tenía toda la razón, cuando tenemos un reto que nos desenfoca, nos resta energía, nos quita entusiasmo, hay que pararlo, cortar por lo sano, y trabajar en ello para deshacernos de eso que nos impide avanzar.

Otro caso es la cama sin tender. Esa es otra muestra, señal clara de que estamos desenfocados. No tender la cama, no limpiar tu habitación, dejar tu ropa por todos lados y los zapatos regados en la sala sin asignar un lugar fijo para tus cosas más útiles, te condena a vivir dedicado a encontrar todo lo que nunca está en su lugar y a la mano. Eso te lleva a perder concentración, aumenta el nivel de cortisol en tu sistema, te vuelve reactivo y te impide disfrutar la tranquilidad de tu vida.

El Caos Oculto: Explorando el Desorden y la Acumulación

El desorden y la acumulación de cosas reflejan distintos tipos de miedos. Así como lo lees: el miedo puede adoptar muchas formas: existe el miedo al cambio, el miedo a olvidar o a ser olvidado, miedo a la carencia, miedo a la muerte o a la enfermedad...

Nuestros espacios vitales como el hogar, la oficina, incluso el interior de nuestro auto, son una proyección de nuestro interior; la tendencia a acumular objetos o a ser desordenados evidencia confusión, falta de enfoque, pensamiento caótico, inestabilidad e incertidumbre acerca de nuestras metas, nuestra identidad y lo que queremos de la vida.

Si sientes que algo no está marchando bien en tu vida, observa a tu alrededor: ahí encontrarás todas las respuestas; aquellos lugares donde se manifieste el caos reflejarán las áreas de tu vida que necesitas revisar.

Poner orden en tus espacios personales te ayudará a despejar tus conflictos internos. Muchas veces nos sentimos abrumados, casi sin ánimo para movernos y deseando el auxilio de una voluntad externa, algo o alguien más poderoso que nosotros que nos ayude a hacernos cargo de nuestra propia vida.

En momentos así, tener desorganizados nuestros espacios vitales sólo contribuye a incrementar nuestro desánimo. No te resignes a esperar que el "Hada Madrina del Orden y la Limpieza" venga a transformar tu espacio personal sin tu ayuda. A eso lo conocemos como PROCRASTINAR, es decir, postergar el tomar acción en algo que nos beneficia, y aun sabiendo que al hacerlo es algo bueno para nosotros, no lo hacemos y nos perjudicamos a nosotros mismos.

El orden que logramos establecer a nuestro alrededor dice mucho sobre nuestra disciplina, mentalidad, constancia y consistencia. Si no enfocamos nuestra atención en lo que realmente importa, el tiempo y las oportunidades pasarán frente a nuestros ojos sin que nos demos cuenta de ello, pues quizás estaremos en el suelo después de tropezarnos con el zapato que hemos dejado tirado.

Mantener cada cosa en su lugar te ahorra tiempo y energía, evitando que te desenfoques de lo que realmente importa. Además, el lugar de la casa en el que el desorden o el acumulamiento se encuentran refleja que área es problemática en tu vida. Por ejemplo, he leído que el clóset, o vestidor, refleja cómo te encuentras emocionalmente y que una vez lo organices tus conflictos internos se calmarán, o que una sobrecama desteñida significa que tu vida amorosa ha perdido brillo.

¿Has conservado objetos rotos o dañados por largo tiempo pensando en repararlos algún día? Piensa dos veces antes de guardar objetos rotos. Ellos simbolizan promesas y sueños rotos y si se trata de electrodomésticos, electrónicos, muebles o vajillas, y los tienes, por ejemplo, en la cocina o en el baño, eso significan problemas de salud y falta de riqueza.

Si el desorden lo tienes en tu cuarto significa que eres una persona que deja las cosas inconclusas y que tienes dificultad para tener una pareja o un trabajo estable.

Los cuartos de niños normalmente están desordenados porque aún no han pasado por el proceso de saber qué quieren en la vida, pero hay estudios que muestran que los niños que mantienen sus cuartos organizados tienden a ser mejores en la escuela.

Diferentes Clases de Acumulamiento

- Acumulamiento nuevo: Este acumulamiento indica que estás tratando de hacer demasiadas cosas a la vez y que no te estás enfocando en lo que debes hacer y que has perdido la dirección.

- Acumulamiento antiguo: Me refiero a objetos que no usaste en un largo periodo de tiempo y que están apilados en el ático, garaje, o armarios... Papeles de trabajo viejos y documentos en tu computador que ya no usas, revistas de hace más de 6 meses o ropa que no te has puesto en más de un año. Esto es reflejo de que estás viviendo en el pasado y estás dejando que tus viejas ideas y emociones se apoderen de tu presente, esto a la vez evita que nuevas oportunidades y personas entren en tu vida.

El Significado del Desorden en Nuestro Hogar

Los seres humanos emitimos mensajes y señales de acuerdo con el acomodo de nuestros objetos personales, incluso en nuestros cajones. La acumulación de objetos es una forma de emitir señales; demasiados objetos emiten la señal de saturación de ideas, proyectos y planes totalmente confusos, muy poco estructurados y no muy definidos.

El desorden altera el camino para obtener nuestras metas, bloquea las vías de acceso de oportunidades y nos hace perder tiempo que puede ser valiosísimo para estructurar de manera ordenada y disciplinada, nuestro plan de vida.

Sobre el Desorden Louise L. Hay dice:

"Haga lugar para lo nuevo. Vacíe el frigorífico, tire todos esos restos envueltos en papel de aluminio. Limpie los armarios, deshágase de todo lo que no haya usado en los últimos seis meses. Si hace un año que no lo usa, definitivamente eso está de más en su casa, así que véndalo, cámbielo o regálelo. Los armarios atestados y desordenados reflejan una mente en desorden. Mientras limpia los armarios, dígase que está limpiando sus armarios mentales".

Existen por otro lado personas adictas al orden y a la limpieza, y definitivamente esa no es la idea que deseo transmitir tampoco; los extremos no son saludables, y en ningún caso resultan recomendables si lo que buscamos es tener un equilibrio en nuestra vida.

De lo que se trata es de observar si la falta de orden y de organización están afectando tu vida, y de ser así, tomar cartas en el asunto y hacer algo al respecto, como por ejemplo tomar acción inmediata haciendo un pequeño plan de "desintoxicación del hogar".

Podemos ponernos retos de siete días, en los que nos planteamos organizar los lugares más caóticos de nuestro hogar primero, para eventualmente atender cada espacio hasta limpiar y organizar el resto de nuestro espacio personal.

Haz todo en congruencia a lo que quieras lograr, de acuerdo con tu tiempo y tu estilo. Así te será más fácil aprovechar para deshacerte de cosas que ya no utilizas. Adecua y adapta los espacios a lo que te estés dedicando actualmente, con la finalidad que te sea más fácil decidir qué guardar, que vender, que regalar y que tirar. Es muy importante ejercitar el músculo de la exigencia para con nosotros mismos, pero desde una plataforma de autovaloración, y auto respeto.

Somos una especie maravillosa y debemos vernos como nuestro único objetivo para exigirnos en función de nuestros sueños y de a dónde queremos llegar. En la dosis adecuada, la autoexigencia nos impulsa a enfocarnos en buscar hacer lo mejor de nosotros, evitando el conformismo, estando dispuestos a trabajar y a poner el tiempo, enfocándonos con el fin en mente de ver los resultados que deseamos obtener.

Todos estos pequeños logros contribuyen a mejorar nuestra autoimagen, elevan nuestra autoestima y, por ende, destilamos serotonina y oxitocina, las hormonas de la felicidad y de la motivación interna, que nos permiten seguir cosechando resultados.

Cuando nos permitimos vivir en el caos, desenfocados y sin metas claras, sin saberlo comenzamos a destilar cortisol en nuestro sistema, lo cual es un químico que nos mantiene en alerta y estresados. El cortisol tiene la función de mantenernos en sobrevivencia, pero eso nos afecta emocional y físicamente. Este químico llamado cortisol puede causar inflamación interna de órganos lo cual es la base de muchas enfermedades.

Enfócate Sin Caer en los Extremos

Hay una situación que es importante mencionar con relación entre el enfoque y la autoexigencia. Se los comparto porque a mí me paso. El exigirnos demasiado sin límites sanos, puede causarnos complicaciones por no mantenernos en un balance saludable y una armonía en nuestra manera de funcionar en la vida.

Si llevábamos la autoexigencia a un plano extremo, podemos caer en un vacío donde no hay satisfacción en nada de lo que hacemos y de lo que hacen los demás a nuestro alrededor. Podemos caer en vivir en un continuo estado de descontento pensando que siempre se pudieron hacer las cosas mejor.

Entendemos que siempre hay lugar para mejorar; el inconveniente es que, operando desde la postura de exigencia extrema, nunca conseguimos sentir satisfacción ni felicidad al terminar nuestras tareas asignadas. El estrés y la ansiedad constantes por la búsqueda de esa perfección que nunca llega se acumula, y esto nos empaña el disfrutar del camino rumbo al éxito.

Tal actitud es el resultado del temor por no llenar las expectativas, o de no sentirse suficientes, y al igual que ocurre con el ideal de perfección, este solo funciona de forma adecuada cuando lo vemos como lo que es: un ideal. Quien vive esperando alcanzar la perfección se encadena al sufrimiento de estrellarse constantemente con los límites propios de la imperfección humana.

Otro inconveniente generado por caer en la dinámica de ser excesivamente autoexigentes es que, sin darnos cuenta, proyectamos esos mismos estándares hacia los demás, convirtiéndonos en maestros, padres, parejas o jefes incapaces de generar empatía hacia las necesidades y límites de los que nos rodean.

Es cierto que vivir con enfoque y organización, buscando la excelencia, puede llevar a la felicidad, el éxito y satisfacciones personales. Sin embargo, es crucial evitar caer en los extremos, ya que estos pueden ser más perjudiciales que vivir en desorden y caos. Tanto el exceso de rigidez como la falta de estructura son nocivos para nuestra salud física y mental. Lo ideal es buscar siempre la armonía y mantener límites saludables.

En nuestra vida y en el camino del emprendimiento, es esencial aprender a buscar lo mejor de nosotros mismos. No obstante, también debemos mantener un grado de tolerancia y cultivar una actitud flexible y comprensiva hacia nuestras propias limitaciones y la individualidad de las personas que forman parte de nuestra vida.

Alimentar Creencias Limitantes nos Impide Enfocarnos.

Ya sea a nivel consciente o inconsciente, alimentar nuestras creencias limitantes determinan los resultados de todo lo que hacemos.

Nuestras creencias están basadas en afirmaciones que pudieran ser ciertas o no. Lo que para nosotros constituyen una realidad, puede ser que las hayamos aprendido durante la niñez, o en alguna experiencia intensa en cualquier momento de nuestra vida, pero como su nombre lo indica, una creencia limitante es una percepción personal de la realidad que nos impide avanzar en nuestras metas.

"Si deseas enfocarte en cambiar tu vida, tendrás que cambiar tus creencias primero."

Para detectar las creencias limitantes que puedan estar entorpeciendo tu enfoque y tu realización personal, solo tienes que observar los resultados que has obtenido en los distintos ámbitos de tu vida: si aún no has logrado montar tu propio negocio, o si ya lo tienes, pero no alcanzas las ventas que esperabas; si tu equipo de trabajo no es el que deseas, y si todavía no llega a tu vida la pareja que sueñas, seguramente albergas en lo más profundo de ti, un conjunto de creencias limitantes que te llevan a autosabotearte.

El abandonar nuestras creencias limitantes implica tomar consciencia de ellas y sustituirlas por un nuevo programa mental que nos permita enfocarnos en alcanzar los resultados deseados.

Sustituye Pensamientos Limitantes por Aquellos que te Permitan Lograr tus Sueños

Te invito a descubrir tus creencias limitantes; para ello solo necesitas prestar atención a tu diálogo interior, esa voz que no para de hablar dentro de tu cabeza, y que refleja tus verdaderos pensamientos con respecto a ti mismo, al mundo que te rodea y a los acontecimientos que vives en tu día a día.

El problema con nuestro sistema de creencias es que puede convertirse en nuestro mejor aliado, o en nuestro peor enemigo; desde este punto de vista, aquello que pensamos puede ayudarnos a crear un plan de acción que nos llevará a conseguir los resultados deseados, también a superar las dificultades, o puede hundirnos en ellas.

Nuestras Creencias nos Enfocan o nos Desenfocan

Las creencias se clasifican básicamente de dos maneras:

- **Creencias racionales o adaptativas**. Conformadas por pensamientos que corresponden con la realidad, convirtiéndose en decisiones y acciones provechosas que nos permiten enfocarnos, avanzar y desarrollarnos.

Una creencia adaptativa sería: "Aprender de mis errores es una oportunidad para crecer y mejorar". Esta creencia fomenta la resiliencia y el crecimiento personal, ya que impulsa a la persona a ver los desafíos y fracasos como experiencias de aprendizaje en lugar de derrotas. Esta mentalidad adaptativa puede ayudar a superar obstáculos y desarrollar habilidades y conocimientos a lo largo de la vida.

- **Creencias irracionales o desadaptativas.** Conformadas por pensamientos que no corresponden con la realidad, llevándonos a tomar decisiones y acciones perjudiciales que nos desenfocan y nos generan mayor conflicto y sufrimiento.

Una creencia desadaptativa sería: "No importa lo que haga, siempre fracasaré". Esta creencia negativa puede ser limitante y desmotivadora. Lleva a la persona a sentir que no importa cuánto esfuerzo ponga, inevitablemente terminará en fracaso. Esta mentalidad desadaptativa puede conducir a la procrastinación, la falta de autoconfianza y la evitación de desafíos, lo que finalmente puede hacer que los fracasos sean más probables de lo necesario. Cambiar esta creencia por una más adaptativa, como "Puedo aprender de mis errores y mejorar con esfuerzo y perseverancia", puede tener un impacto positivo en la vida de la persona.

Un aspecto muy interesante del funcionamiento de nuestros pensamientos es que nuestra mente y nuestro organismo se creen el 100 % de lo que pensamos, sin importar si corresponde o no con la realidad.

Si tenemos pensamientos negativos, trágicos, catastróficos y fatalistas, nos estaremos obligando a permanecer en un estado de estrés continuo, con el respectivo desgaste que genera en nuestra salud física, mental y espiritual.

La realidad que vivimos seguramente no es perfecta, pero tampoco es totalmente imperfecta; algunas cosas salen como esperamos, y otras, simplemente no.

Aunque no lo creas, lo que sucede a tu alrededor no te afecta tanto como tus pensamientos respecto a ello; en otras palabras, las cosas no son ni buenas ni malas en sí mismas, sino que somos nosotros quienes les asignamos ese valor.

Para cambiar la forma en que te afecta la realidad, debes cambiar la forma de verla, revisando tu sistema de valores; si estos no te permiten vivir de manera eficiente ni aprovechar bien tu tiempo, es mejor que los sustituyas por otros más funcionales.

Las ideas irracionales parten de tres pensamientos equivocados:

- La vida debe ser perfecta
- Yo debo ser perfecto
- Los demás deben ser perfectos

Cualquier expectativa que se derive de alguna de estas ideas va a resultar irracional, porque sabemos que la perfección, si bien es un ideal noble, no es una cualidad inherente a la condición humana, ni a nuestra existencia en este plano terrenal.

Nuestra forma de ver el mundo es el resultado de lo que aprendimos desde niños. Es por ello por lo que erradicar nuestras creencias limitantes no siempre resulta tan fácil, pues han convivido con nosotros durante mucho tiempo, causándonos quizás en ocasiones, problemas emocionales, mentales, de autoestima, dificultades con amigos, en el trabajo, e incluso a la hora de estar en pareja.

Cuestionarnos el modo en que pensamos es una evidencia de que estamos madurando como individuos. Nunca es tarde para cambiar la dirección de nuestros pensamientos; este sencillo ejercicio te puede ayudar a detectar y modificar tus pensamientos limitantes:

- Escribe en una columna las ideas que te surjan en base a los resultados que ves en tu vida, bien sea en cuanto a relaciones de pareja, trabajo, dinero, salud, etcétera. Por ejemplo: "Soy un fracasado en el amor".

- Al lado de esta, redacta otra en donde escribas ideas que sustituyan a las primeras, y que reflejan un punto de vista distinto que realmente te pueda conducir a alcanzar lo que deseas. Por ejemplo: "Puedo encontrar la pareja de mis sueños; solo debo enfocarme en ello y esperar conocer a la persona correcta".

- Lee en voz alta la segunda columna cada mañana al despertarte, para que los nuevos pensamientos se instalen en tu subconsciente y comiencen a transformar tu realidad.

No basta con identificar nuestros pensamientos irracionales, sino que también es necesario cuestionarlos, generando ideas realistas y esperanzadoras que nos conduzcan hacia los resultados que buscamos. El poder de cambiar nuestra realidad radica en cambiar nuestra forma de verla.

¡Cree, crea, y reprograma tu mente enfocada en lo que quieres lograr!

Las Distracciones Afectan Nuestro Enfoque

Si deseas fervientemente tener éxito en tu vida, NO permitas que la falta de concentración te saque del camino con rumbo a tu meta. El entretenimiento siempre ha acaparado nuestra atención; siglos atrás, las grandes bibliotecas en casa y las historietas de fantasía eran la fuente principal de distracción; ahora, la tecnología mantiene cautiva nuestra atención.

Nos hemos convertido en autómatas detrás de la pantalla de nuestro teléfono celular, de nuestro ordenador o del televisor; navegamos por la vida de nuestros amigos y familiares, de nuestra expareja, de nuestros colegas, y hasta de aquellos que no nos caen bien, pero nos falta quizás darnos el tiempo para sentarnos a tomar el té y mirar a las personas a los ojos.

La vida comienza donde termina la pantalla. Visitamos virtualmente Roma o París, ¡eso es realmente maravilloso! Sin embargo, es importante cuidar el no permanecer atrapados en una esfera de sedentarismo, abstraídos del impacto que puede tener nuestra falta de acción y falta de enfoque en nuestras vidas y nuestros emprendimientos. Es increíble cómo pasa rápido el tiempo deslizando el dedo en la pantalla del celular.

Nuestra manera de desenfocarnos solo ha cambiado de forma a lo largo del tiempo, pero en esencia sigue generando el mismo efecto. No pretendo desprestigiar los alcances de la tecnología, pues, de hecho, lo aprecio y lo valoro en lo personal, sin embargo, es de suma importancia observar cómo utilizamos estas maravillosas herramientas para evitar sabotear nuestro éxito.

No se trata únicamente de deslizar el dedo sobre tu pantalla táctil, sino de tener la claridad de cuáles teclas apretar y con qué objetivo lo estás haciendo. Uno de los más grandes desafíos de la era digital, no solo para nuestros hijos pequeños o adolescentes, sino también para nosotros como adultos, es controlar la dispersión.

En cada escuela que he visitado, escucho que los padres expresan las mismas preocupaciones:

- Los niños están jugando o navegando en Internet durante las clases.
- Cada vez es más difícil para ellos concentrarse mientras intentan hacer sus tareas en una Tablet, laptop o teléfono celular.

Todos hemos pasado por eso: si yo no hubiera hecho un pacto conmigo misma de no asomarme a mis redes sociales hasta haber alcanzado mi cuota diaria de palabras, nunca hubiera terminado este libro. Sin embargo, la preocupación está justificada.

De acuerdo con estudios acerca del uso equilibrado de la tecnología, casi un tercio de los adolescentes (28%) reconoce que el tiempo que le dedican a los medios digitales interfiere con sus deberes escolares, mientras que el 44 % de los preadolescentes admiten que su actividad tecnológica los distrae de otras cosas, y el 17 % afirma que el uso de la tecnología les causa problemas en sus relaciones con amigos y familia.

Necesitamos aprender a gerenciar de manera inteligente nuestro uso de la tecnología, pues de lo contrario podemos perder nuestra capacidad de comunicación, que nos hace maravillosamente humanos. Descansar mientras trabajamos es una cosa, y distraernos es otra; tomar ciertos descansos mientras realizamos alguna actividad es normal y hasta necesario, pero cuando esto se confunde y nos distraemos de más, ponemos en riesgo nuestras probabilidades de éxito.

No importa si la interrupción dura apenas unos segundos; de todos modos, el cerebro va a requerir de mucho más tiempo para volver a alcanzar el grado de concentración con el que venía trabajando; estas distracciones representan un problema, pues una actividad que pudimos haber realizado en una hora termina prolongándose toda una tarde.

Distraerte mientras realizas algo importante es una pésima inversión. Distraernos nos agota, no por el trabajo en sí, sino por la constante necesidad de retomar la concentración una y otra vez. Como ciudadanos digitales y como emprendedores, debemos responsabilizarnos en hacer un mejor uso de la tecnología, potenciando sus ventajas y minimizando sus efectos negativos.

Si logramos llegar a la raíz de la dispersión, seremos capaces de vencer las tentaciones tecnológicas, convirtiendo estas valiosas herramientas en aliadas de nuestra productividad.

El Enfoque nos Prepara para el Éxito

La distracción masiva a la que estamos expuestos no solo nos aleja de nuestros propios planes, metas y sueños, sino que también genera brechas, a veces difíciles de salvar, entre nosotros y nuestros seres queridos.

La falta de enfoque se convierte en un obstáculo a la hora de crear familias sólidas, pues sin darnos cuenta hemos asimilado la idea de que podemos ir por la vida como jugando con plastilina: creando y desbaratando nuestras relaciones cada vez que sentimos que no nos agrada el modelito.

Lo creas o no, este factor se convierte en un potente distractor de tus prioridades; asumir compromisos familiares o de pareja o familiares sin fundaciones y bases sólidas le resta posibilidades de prosperidad a tu vida. Cuando menos acordamos, enfrascarse en una ruptura o un divorcio nos distrae y nos baja los ánimos para seguir buscando lograr nuestros sueños.

Es importante tomarnos el tiempo de conocernos muy bien antes de tomar decisiones que involucren formalizar relaciones con otros seres humanos.

Enfoque, concentración y autoconocimiento son términos que van de la mano; no puedes tener uno si te faltan los otros. Esta es una fórmula especialmente necesaria en el ámbito del emprendimiento, pues estar enfocado en tu proyecto equivale a disparar una flecha en la dirección correcta, y solo es cuestión de tiempo para que acierte en el blanco.

Un error muy común es pensar que para estar enfocados necesitamos concentrarnos en un solo aspecto de las cosas, cuando en realidad los procesos son complejos y tienen muchas facetas.

El enfoque de la vida y del emprendedor es "panorámico".

Es conveniente desarrollar la capacidad de abarcar muchos aspectos al mismo tiempo, sin perder de vista el objetivo principal. Esto quizás se pueda comparar con el viajero que, sin olvidar cuál es la meta de su recorrido, no deja por ello de disfrutar del paisaje.

Algunos pequeños trucos pueden mejorar tu capacidad de enfoque como, por ejemplo:

- Organizar tu entorno. Recuerda que el orden en tus espacios es el reflejo del estado de tu mente. Vale la pena que tomes un tiempo cada mañana para organizar tu entorno, y así tus pensamientos estarán mejor enfocados.

- Establece tu intención. Mantén la claridad acerca de las razones por las cuales vale la pena mantener tu enfoque. Repite mentalmente tantas veces como lo necesites, para que te sean claras y puedas perseverar.

- Fíjate metas a corto plazo, que te permitirán apreciar más claramente tus avances, por pequeños que sean. El enfoque es la brújula que guía tu vida y también la vida de todo emprendedor.

Te invito a realizar el poderoso ejercicio de escribir una **carta a ti mismo. Al enfocar tu atención en plasmar lo que deseas ver en tu futuro,** te permitirás visualizar tus metas y aspiraciones de manera más clara. Esta carta se convertirá en una herramienta invaluable para mantener tu enfoque y motivación, recordándote constantemente quién deseas ser y cómo llegar allí. ¡Atrévete a trazar el camino hacia tu mejor versión!

Carta a tu "Yo" del Futuro

La actividad consiste en escribir una carta para ti mismo, considerando que ya has logrado todo aquello que te has propuesto. Felicítate por todos tus logros detallando de manera muy clara en tu mente.

Por ejemplo. Keitha quiero felicitarte porque has logrado ayudar a un millón de personas a escribir y publicar sus libros. Estoy absolutamente orgullosa de ti porque sé lo que te has esforzado para conseguir eso que tanto has soñado, etc.

Te sugiero que te tomes el tiempo necesario para redactarla; aquí te comparto algunas sugerencias:

- Escribe mencionando tu nombre y felicítate por haber logrado todo aquello con lo que siempre has soñado.

Al terminar de escribir, piensa en cómo te has sentido y qué has aprendido de ti mismo/a.

- Anota tus reflexiones; te recomiendo que leas tu carta y tus anotaciones cuando gustes, o cuando necesites un levantón de ánimo. De más está decir que puedes reescribirla cuantas veces quieras...

En este otro modelo de carta, te invito a que menciones tus dones y tus talentos, todo eso que tienes para ofrecer. Escribe como si fueras tu gran amiga/o, alguien que te quiere mucho.

A mi amiga querida o a amigo querido (escribes tu nombre):

Tengo mucha ilusión de que llegue el viernes, porque voy a presentarte a una persona a quien quiero mucho. Se llama (aquí escribe tu nombre), y es (describe las características físicas, psicológicas y sociales positivas que más te gustan de ti).

Lo que más me gusta de él/ella es que...

Algunas de las personas que más le quieren son...

De lo que más orgulloso/a me siento es de...

Lo que necesitaría para sentirse más a gusto consigo mismo/a, y con una mayor autoestima es dejar de...

Termina escribiendo textual el siguiente párrafo:

"Yo creo que se sorprendería si supiera lo importante y especial que es para mí, porque es la persona con quien tengo la relación más cercana, divertida, apasionante y duradera de mi vida".

CAPÍTULO 2
EL HÁBITO DE MALGASTAR TU TIEMPO Y TU DINERO

Cuida tu Dinero... No lo malgastes

Para tener éxito en la vida, es importante observar de cerca el hábito de ser despilfarrador, ya que definitivamente es otro elemento que se convierte en un gran obstáculo para nuestro progreso. Este programa mental nos puede llevar a vivir un estilo de vida de constante lucha y sobrevivencia, pues cualquier razón es buena para gastar, aun cuando incluso no se tiene el suficiente dinero para cubrir las necesidades básicas.

El asunto se vuelve delicado cuando, pasamos al extremo de mantener un estilo de vida donde gastamos incluso con tarjetas de crédito y comenzamos a endeudarnos sin tener la menor idea de cómo salir de ahí.

Las deudas son un problema muy importante en los EE. UU. y las estadísticas sobre las deudas de tarjetas de crédito hablan por sí solas, en particular después de la crisis económica y los retos que vivimos todos durante la pandemia del COVID, en que muchos estadounidenses volvieron a usar el crédito y/o préstamos para cubrir los gastos mensuales, cuando sus hogares se vieron afectadas por la reducción de los ingresos y el desempleo.

Si bien algunos indicadores muestran que el mercado está en camino ascendente, los estadounidenses aún enfrentan serios problemas con sus deudas. Si a esto le sumamos que la imagen personal se ha convertido en el accesorio más caro del mercado, vemos que está en tendencia el endeudarse con artículos de marca, bolsos carísimos, e incluso para hacerse cirugías plásticas, lipoesculturas, implantes de senos, para lo cual muchos están dispuestos a dar y hacer lo que sea, aunque les cueste la comida, la salud, e incluso la vida.

Esos son los extremos que debemos observar. Estamos de acuerdo en que todos los extremos son malos. Si se tiene la capacidad económica y financiera de afrontar los gastos que implican este tipo de tratamientos, eso te ayuda en tu autoestima y en sentirte y verte mejor, pero si lo haces a costa de tu economía, ahí es donde se revela el programa mental de gastar excesivamente, que seguramente ya te ha acarreado problemas; y si quieres preguntarme cómo lo sé, te comparto que viví operando desde ese programa por mucho tiempo, sé lo que se siente y las terribles consecuencias que se viven por no cambiarlo..

Estos patrones de mantenernos endeudados tratando de jugar la carrera del ratón donde siempre parece que estamos persiguiendo la felicidad y el bienestar, es justo lo que debemos detectar para poderlo cambiar.

Ante este comportamiento es donde necesitamos preguntarnos:

¿De qué manera estoy estableciendo mi orden de prioridades en la vida? Si nos enfocamos en el tener, más que en el ser, la "necesidad" que sentimos por lo material determinará la forma en que vivimos y el valor que les asignamos a las cosas.

Es importante aprender a tener un manejo más inteligente de nuestras finanzas. Vivir de las apariencias puede ser una máscara que a la larga resulta muy cara. Es crucial enfocarnos en nosotros mismos, nuestras familias, nuestros negocios y no en cómo nos ven los demás para vivir una vida en congruencia y en prosperidad. Cuidemos de no caer en algo que describe un conocido refrán que dice "No seas Candil de la calle y oscuridad de tu casa", es decir, no busques lucir bien, cuando la realidad es que el dinero no te alcanza y tienes problemas financieros en tu vida.

El hábito de despilfarrar el dinero y el tiempo nos despoja del maravilloso privilegio de descubrir nuestro verdadero potencial, nuestro gran valor y de todo lo que somos capaces de lograr. Siempre trae consecuencias hacer gastos innecesarios aun si tienes los recursos suficientes.

La abundancia mal interpretada y los excesos traen implícita una desvalorización personal. Si somos personas consumistas podemos vivir asfixiados entre gastos innecesarios y entre la acumulación de cosas que puede llegar a mantenernos estancados; te invito a revisar si no es tu caso; si te descubres insatisfecho, preocupado y estresado por las deudas quizás ya sea momento de parar y entender que eso es solo un programa mental que todos podemos parar y cambiar si nos enfocamos en ello. Lo importante es que te sientas feliz y en plenitud en tu vida, aún en el camino a lograr tus metas y tus sueños.

El enfocar nuestra atención en el deseo desmedido por los bienes materiales nos aleja de la valiosa posibilidad de creer y de crear algo más valioso y con un significado que enaltece nuestra alma. Ser capaces de usar nuestra creatividad nos permite progresar y escalar en nuestra vida. Pensar en grande y tener proyectos a futuro requieren una porción de fe y una visión a largo plazo. Podemos lograr la libertad financiera y disfrutar de ser mejores personas dándole más valor al ser, que al tener.

Los gastos innecesarios terminan desviando nuestra atención, pues nos llevan al inconformismo, creyendo equivocadamente que el acumular o tener más cosas o bienes materiales en sí mismo, puede darnos la felicidad.

Buscar la felicidad a través de lo que no es necesario nos lleva a necesitar más de lo mismo; caemos entonces en un ciclo difícil de romper, que nos afecta desde el punto de vista material, e incluso en lo referente a las relaciones personales, a la administración del tiempo y de nuestras emociones, entre muchos otros aspectos.

Los gastos innecesarios conllevan también una extraña pero común relación con la depresión y la tristeza. Algunas personas caen en un estado de arrepentimiento después de hacer un gasto que no deberían haber hecho.

¿Cuántos fumadores sienten culpa después de comprar la cajetilla de cigarros, cuando ya están conscientes de las terribles consecuencias implicadas con este vicio?

A menos que pongamos toda nuestra fuerza de voluntad en cambiar nuestra mentalidad para superar este tipo de círculos, es muy fácil quedar atrapados en ellos. Todo lo que nos rodea puede ser provechoso para nuestra vida si no abusamos de ello y no lo malgastamos.

Quien despilfarra en lo pequeño se acostumbra a despilfarrar en lo grande. Para progresar en la vida, en nuestros negocios y en nuestros emprendimientos, es importante conocer nuestros bolsillos, amar nuestros números y cuidar nuestras finanzas.

Gastar sin medida nuestro dinero o nuestro tiempo equivale a desperdiciar nuestra energía; quien gasta de más no tarda en sentirse agotado, y aunque intente salir adelante o emprender algún proyecto, sus recursos dispersos en cosas innecesarias, terminarán jugando en contra y causando estrés.

La historia está llena de ejemplos de individuos que llevaron sus proyectos a grandes niveles de éxito y desarrollo, pero al no corregir sus hábitos financieros negativos, terminan endeudándose y perdiéndolo todo.

No permitas que el dinero te meta en sus bolsillos. La mayoría de los millonarios del mundo no viven concentrados en su dinero, sino en servir a un mayor número de personas monetizando sus dones y sus talentos. Cuando llegan a servir a un mayor número de personas que consumen sus productos o servicios, les permite tomar decisiones que se traducen en mayores ganancias. Al final del día, sirven a los demás haciendo lo que les apasiona y les mantiene felices y motivados.

El dinero es energía, y como tal, su sentido está en fluir, no en acumularse. Muchas veces la preocupación por el dinero nos roba el sentido del disfrute, y entonces surge el estancamiento financiero. Es casi una regla de oro que, si te dedicas a hacer lo que te gusta y te hace feliz, la prosperidad vendrá a tu vida por añadidura.

No Despilfarres tu Tiempo

A veces caemos en el error de despilfarrar nuestro dinero y de subestimar el tiempo, actuando como si fuera eterno; por lo general procuramos aquello que nos da satisfacción inmediata, y sin saber, nos privamos de la oportunidad de desarrollar la paciencia necesaria para incubar proyectos que requieren maduración y que son generalmente los más redituables.

Sin saber, a veces no sabemos calcular el tiempo y podemos pensar que las cosas suceden en un tiempo más corto del que toman en realidad o viceversa. Tener la correcta noción del tiempo es muy importante. El tiempo es el bien más grande con el que contamos, por eso saber a dónde queremos llegar y en donde lo invertimos, nos da la oportunidad de tomar mejores decisiones.

Al momento de emprender un nuevo negocio, debemos tener una idea clara del tiempo que nos tomará obtener resultados. Hemos podido ver que cuando empezamos a realizar algún nuevo emprendimiento a veces se nos vende la idea de los resultados rápidos, el dinero rápido y de más humo que se nos vende y a veces sin querer nos atrapa.

Mi recomendación es que aprendas muy bien a descifrar el tiempo en el que obtendrás resultados monetarios en dicha actividad, así como el tiempo que debes invertir para obtener los resultados que deseas, para que hagas una planeación más acertada de tu tiempo, y puedas realmente comprometerte a ello.

A veces pasa que, en lugar de perseverar, nos rendimos, abandonamos la lucha y dejamos de esforzarnos al no ver resultados de inmediato. Es crucial entender el valor del tiempo en el desarrollo de nuestros planes y proyectos. La madurez, la evolución, los cambios, la transformación y las rectificaciones son elementos importantísimos que conducen al éxito y todo eso lleva tiempo.

La prueba y el error son un aprendizaje muy valioso en la vida, en el emprendimiento o en la creación de negocios exitosos, cuya maestría se adquiere y se genera precisamente a través del tiempo.

Si bien es cierto que no hay fórmulas exactas de cómo lograr éxito y rentabilidad, entendemos que, para tener grandes utilidades en los negocios de hoy en día, se tiene que ser flexible, adaptable, creativo, comprometido, perseverante y tener una buena organización y planificación. Recordemos que los fracasos son éxitos futuros y experiencias positivas.

Una vez esté en funcionamiento tu negocio, debes explotarlo al máximo para que llegue a ser exitoso. Esto requiere concentración, disciplina y perseverancia. Sin embargo, el éxito no vendrá en un solo día, se requiere de un enfoque a largo plazo, saber que tienes que invertir tiempo enfocado y permanecer constante.

En caso de no tener experiencia previa como emprendedor, tienes que centrarte primero en planificar tu propio negocio. Esta formación se puede adquirir en la práctica durante la implementación de actividades claves y prioritarias, o con mentores que ya lograron estar donde tú quieres estar.

Invierte tu Tiempo y Dinero en tu Capacitación

Es importante diferenciar tus necesidades de formación y capacitación cuando apenas estás empezando un nuevo negocio. Debemos considerar qué hay una diferencia entre lo que necesitas saber, cuando apenas partes de una idea, y cuáles son tus necesidades en tu formación y capacitación, cuando la empresa ya está en marcha, ya que ambas etapas son muy distintas.

En la primera fase de tu proyecto, para sacar tu idea adelante, deberás tener bien claro el sector al que va dirigido tu proyecto, necesitas aprender todo lo que pueda influir y/o afectar al proceso de desarrollo de éste. Este tipo de formación para emprendedores, en la mayoría de los casos, es autodidacta, ya que debemos buscar aprender acerca del área en la que vamos a trabajar, alineándonos específicamente con una idea personal, que tiene que ver con nuestro sueño en particular, con nuestra idea, nuestra misión y la visión de nuestros negocios. Es muy importante definir, meditar y estar claro a donde tú quieres llegar. Un programa de establecimiento de un modelo de negocios puede ser de gran ayuda para empezar.

No se Requiere un Título Universitario para Emprender, Pero la Formación Continua es Clave para el Éxito

No existe una carrera específica para ser emprendedor, aunque ya empiezan a aparecer muchas titulaciones relacionadas con el emprendimiento. La mejor universidad del emprendedor es la calle y aprender a vender dentro de nuestro mercado.

A veces se cree que las universidades y la vida académica son el único camino para alcanzar el éxito; yo he experimentado su valor de forma muy cercana. Mi madre se graduó de la Facultad de Odontología; tiene una Maestría en Educación y está jubilada como Maestra; mi padre, Ingeniero Electricista, es profesor jubilado de la misma universidad, y actualmente en sus sesentas está terminando la carrera de Leyes y planeando un doctorado después de graduarse como abogado, ellos han sido un gran ejemplo para mí.

En mi familia me han inculcado el valor del estudio y la capacitación constante. Yo me titule de la licenciatura en administración de empresas y he sido maestra por más de 20 años; en mi familia hay maestros, arquitectos, doctores, enfermeras, técnicos dentales, ingenieros, abogados, licenciados en comunicación etc., tengo una familia muy grande y algunos de ellos se han graduado en alguna institución académica, y otros se han dedicado a emprender su propio negocio exitoso sin haber obtenido un título universitario...

Algo que he observado es que el obtener un título universitario no es el único camino para encontrar la libertad financiera y realizarnos en la vida. En mi opinión, puedes lograr lo que te propongas si tienes el compromiso y el deseo de mantenerte en constante capacitación, implementando lo aprendido a través de una acción continua e imparable, para lograr todo lo que tu corazón pueda soñar.

Desde mi perspectiva, en la universidad podemos obtener una formación académica muy útil, y en el emprendimiento y en la creación de tu propio negocio una formación autodidacta también muy importante. Existen factores como la capacitación continua y la creación de equipo, que te puede llevar a obtener los resultados que deseas.

Hemos visto muchos emprendedores y empresarios exitosos que no tienen un título universitario y actualmente tienen empresas millonarias, también hemos visto egresados de las universidades de cualquier parte del mundo, que siguen enfrentando retos financieros en sus vidas.

Aquí la clave, y la parte medular de mi mensaje es el captar que ya sea que hayas tenido la oportunidad de graduarte de la Universidad o no, eso no te define en el logro de tus metas y tus sueños. Lo que sí hará una diferencia en tus resultados, son tus ganas de salir adelante, tu capacidad de resiliencia para superar adversidades, tu capacidad de enfoque, tu hambre por aprender, tu disciplina, tu manera en que administras tus recursos financieros y tu tiempo, tu diálogo interno, y las palabras que te dices a ti mismo, tu auto imagen, tu autoconfianza y tu amor por el servicio en el nicho en el que hayas elegido trabajar. Todo esto junto es una maravillosa llave a tu éxito.

El mundo y la realidad nos han mostrado que el emprendimiento por sí mismo, es una maravillosa universidad. Cuando emprendemos descubrimos un campo de acción donde capacitarnos para tener resultados, es nuestra única opción. Como emprendedores y/o como egresados de la universidad estamos obligados a enfrentar nuestra propia mentalidad, que, sin saberlo, a veces viene cargada de creencias limitantes y diversos miedos adquiridos en la vida. El emprendimiento es sin duda, un camino de sanación para muchas heridas que se nos revelan y nos dolerán durante la primera fase del desarrollo de nuestro negocio o emprendimiento.

Desde mi propia experiencia puedo afirmar que los grandes cambios, las mentalidades que verdaderamente impactan nuestras vidas y por consecuencia a la sociedad, han necesitado periodos de tiempo para poder gestarse. La universidad y la universidad de la vida nos enseñan lo que necesitamos para desarrollar cualquier emprendimiento y poder crear nuestro propio negocio.

Sin duda alguna, para avanzar en cualquier proyecto se requiere tener visión, autodisciplina, consistencia, preparación, capacitación, autoestima y motivación, pero también constancia, perseverancia y fuerza de voluntad; ya que, a fin de cuentas, estos son los ingredientes que nos van a permitir levantarnos y continuar cada vez que sea necesario.

Si no somos conscientes de esto, que acabo de mencionar, podemos caer en la tentación de rendirnos al no tener resultados inmediatos en nuestro negocio o emprendimiento, dejando ir grandes oportunidades. Si no desechamos la mentalidad de obtener resultados rápidos en lo que hacemos, corremos el riesgo de rendirnos constantemente, brincando de negocio en negocio sin ver resultados jamás.

Una vida sin perseverancia es una vida sin esperanza ni motivación. Requerimos valorar y apreciar nuestros fracasos y nuestros esfuerzos por mínimos que estos sean.

Proyectarnos a corto plazo, enfocándonos en lo inmediato, puede hacer que anulemos en nosotros el deseo de superación a futuro, elemento clave que necesita todo emprendedor.

Es importante darnos cuenta de lo que realmente implica un proyecto en términos de preparación, superación y perseverancia, inversión de tiempo y dinero, etc. y aunque quizás de momento no nos sintamos confiados y capaces de lograr los resultados, quedarnos en el mismo negocio nos da la oportunidad de aprender a superar obstáculos que, al final del día, son nuestros mejores maestros.

Debemos darnos la oportunidad de trascender, superar los retos y las dificultades en lo que hagamos, para evitar ser invadidos por nuestro propio desánimo.

En realidad, la fórmula del éxito es insistir, resistir, ¡y nunca desistir! Por duro que parezca, es importante tomar consciencia de la inversión de tiempo y dinero, así como de las habilidades que necesitamos tener para lograr nuestros propósitos, para entonces prepararnos mentalmente para perseverar, si queremos tener la satisfacción de ver la meta cumplida.

Cuando sabemos de antemano que el triunfo nos exigirá paciencia, dedicación y esfuerzo, sucede un fenómeno en donde el tiempo se nos pasa volando, y los resultados aparecen ante nuestros ojos, minimizando los efectos de cualquier dificultad y reemplazando su impacto por una grata y dulce satisfacción.

Aprende a Invertir tu Dinero, tu Tiempo y Nunca te Rindas

Cuando se entiende que un emprendimiento se desarrolla a largo plazo, se puede vivir y disfrutar de la experiencia de una manera más enriquecedora y edificante, cosechando gradualmente resultados por el trabajo que se logra sin esperar la gratificación inmediata. Es allí donde surge la magia de saber perseverar, de invertir nuestro tiempo y nuestros recursos apropiadamente y, sobre todo, de nunca rendirse.

La perseverancia es una de las cualidades más valiosas del ser humano, pues le ha permitido sobrevivir, avanzar y evolucionar a lo largo del tiempo. Perseverar es fortalecer el músculo que nos permite resistir la adversidad. Este hábito nos dota de recursos, herramientas y actitudes con las que podemos enfrentar cualquier adversidad que ponga en riesgo nuestro emprendimiento; de esta manera adquirimos mayor conocimiento, experiencia y sabiduría, al tiempo que aprendemos más sobre nuestro proyecto y sobre nosotros mismos.

A medida que avanzamos, iremos adquiriendo la seguridad de sentirnos cada día más dueños de nuestras ideas, facilitando progresivamente la ejecución del trabajo, sustentados en la confianza que nos da la experiencia.

Construir riquezas desde cero lleva su tiempo; toda fortuna se ha labrado en largos periodos y con muchos esfuerzos y tropiezos, pero quienes han estado dispuestos a perseverar han conseguido seguir avanzando con pies firmes hacia el futuro soñado.

Crea tu Plan Maestro de Diez Años

Crear un plan a diez años para el desarrollo de nuestro emprendimiento resulta más sencillo una vez que hemos levantado los cimientos de la experiencia en el ramo en que deseamos emprender.

La perseverancia es uno de los hábitos más poderosos que podemos desarrollar, y su vehículo es la paciencia; ambas son el complemento perfecto que nos permite enfocar nuestras acciones y decisiones hacia una meta y nos permite ver el fruto de nuestra inversión de tiempo y dinero.

La experiencia es un factor de gran relevancia para nuestra salud y tranquilidad espiritual. La experiencia generada gracias a la paciencia contribuye a incrementar nuestros niveles de tolerancia, uno de los valores más importantes de nuestra personalidad, pues nos aporta la flexibilidad necesaria para resistir las inconsistencias del mundo y de la vida, sacando así provecho de haber invertido nuestro dinero y nuestro tiempo.

Invierte tu Tiempo Aprendiendo sobre Inteligencia Emocional

Buscar el éxito en la vida, es el escenario ideal para adentrarnos al tema de cómo desarrollar la inteligencia emocional, la cual es un conjunto de capacidades que nos permiten administrar adecuadamente nuestras emociones, y al mismo tiempo, vincularnos de forma sana y equilibrada con las emociones de los demás, todo esto en función de lograr relaciones positivas basadas en una comunicación efectiva.

Este concepto, propuesto en 1983, es relativamente nuevo en el campo de la ciencia, y surgió como un complemento al Examen del Coeficiente Intelectual, que hasta ese momento se consideraba el único indicador para calcular los índices de inteligencia humana.

Según Daniel Goleman, psicólogo e impulsor del concepto de inteligencia emocional, la inteligencia emocional se compone de:

Autoconocimiento emocional o conocimiento de nuestras emociones y de cómo nos influyen para, por ejemplo, saber cómo y cuándo es nuestro mejor momento para tomar decisiones.

Incorporar el campo de las emociones al ámbito de la inteligencia, le devolvió al ser humano su completitud, ya que, desde este contexto, podemos apreciar la interacción que existe entre las emociones y nuestra capacidad de responder con inteligencia a eventos que nos afectan emocionalmente.

Es muy bien sabido que muchas veces podemos tomar malas decisiones despilfarrando dinero y tiempo debido a un mal manejo de nuestras emociones, por eso entender este concepto de inteligencia emocional y su efecto en el cuidado de nuestros recursos, es de suma importancia.

La inteligencia emocional funciona en dos principales esferas:

- **Inteligencia Intrapersonal** que Implica el conocimiento y comprensión de las emociones propias, y su adecuado manejo ante todas las circunstancias de la vida.
- **Inteligencia Interpersonal** que Implica el reconocimiento y comprensión de las emociones de los demás, así como la capacidad de reaccionar de forma adecuada ante ellas.

Las personas emocionalmente inteligentes son particularmente exitosas en términos de liderazgo, ya que tienen la capacidad de desarrollar empatía, autocontrol y capacidad de motivación, consigo mismas y con las demás; de allí que ésta práctica se considere una pieza clave para el adecuado desenvolvimiento de las relaciones humanas en todos los ámbitos, ya sean sentimentales, familiares, financieras o laborales.

Un buen líder sabe motivar a su equipo para alcanzar los resultados esperados, o incluso más, pero sin violentar la forma de ser de cada uno, respetando sus procesos, sus tiempos, sus dificultades, y aprovechando al máximo sus potencialidades. Cuando hay tolerancia, la diversidad se convierte en una fortaleza que nos permite aprovechar lo mejor de cada situación a favor del logro de nuestros objetivos.

No existe una sola postura correcta ante las cosas, ni una sola manera eficiente de hacerlas. La tolerancia implica respeto, y una flexibilidad que se vincula también con la creatividad, ya que abre las posibilidades para la manifestación de opciones inimaginables que pueden aflorar cuando existe la confianza de no ser criticados por ello.

Podríamos decir que la falta de tolerancia se encuentra detrás de la mayoría de los problemas más graves que atraviesa la humanidad, generados por el deseo de imponer unas ideas sobre otras, de pretender actuar y existir sin tomar en cuenta, valorar y respetar nuestras diferencias.

Siempre habrá algo que podamos aprender, y lo que somos ahora se convertirá en un reflejo que se irá borrando con el paso del tiempo, para ser sustituido por algo mucho mejor y, sobre todo, posible de alcanzar, porque habremos sido capaces de cambiar hábitos. Nos habremos convertido en nuestra mejor versión.

La inteligencia emocional se considera de alto valor en el terreno organizacional, pues favorece la motivación y el trabajo en equipo; es una condición indispensable para el liderazgo y el éxito.

Quien no desarrolla su inteligencia emocional vive a expensas de su propia inestabilidad. Ser inteligente emocionalmente implica controlar nuestros impulsos naturales a favor de un logro mayor; esto no solo implica tenacidad y perseverancia, sino incluso fe.

Quien no cree en sus sueños quizás se retire antes de que se hagan realidad.

Conozco muchas personas exitosas que hoy en día disfrutan de los placeres a los que renunciaron durante algún tiempo, pues era necesario para poder avanzar en sus planes y proyectos. ¿Te has preguntado qué estás dispuesto a sacrificar para obtener eso que quieres?

Entre lo que deseas y su manifestación existe un puente llamado "constancia".

Recuerda que tu dinero y tu tiempo son dos recursos muy valiosos, además de ser el vehículo que te llevará a ver tus sueños hechos realidad.

CAPÍTULO 3
EL HÁBITO DE PENSAR NEGATIVAMENTE

Transforma tu Mentalidad...

El Síndrome de la Mentalidad Extremista afecta nuestra habilidad de obtener resultados. Muchas veces sin darnos cuenta vivimos posicionados en una mentalidad extremista que por sí misma, se convierte en una gran piedra de tropiezo para nuestro avance en lograr el éxito en la vida.

Dudar de nuestras capacidades, por ejemplo, nos condena a vivir en forma reactiva y con mentalidad negativa. Sentir que somos víctimas de las circunstancias nos sitúan en el extremo opuesto a la perseverancia y la resiliencia.

Por otro lado, cuando nos planteamos proyecciones a muy corto plazo y esperamos tener resultados inmediatos, podemos llegar a sentir que el esfuerzo y el tiempo invertidos no valen la pena, incrementando nuestras probabilidades de abandonar y fracasar.

Este tipo de comportamiento sin duda refleja baja autoestima y falta de confianza en nosotros mismos. Las proyecciones a corto plazo parecen exigir un esfuerzo mucho menor, y posiblemente sean tentadoras por quitarnos el miedo temporal de perseverar y de tener que invertir más tiempo para lograr resultados, pero esto suele ser un engaño mental propio de la trampa del cortoplacismo.

En lo personal lo he experimentado muchas veces, claro que, sin darme cuenta, debido precisamente, en su momento, a un desconocimiento de los procesos que implican los grandes proyectos.

Para lograr el éxito en lo que nos proponemos, es de suma importancia el aprender a crecer junto con el proyecto que estamos desarrollando. El querer apresurar los procesos es nocivo para nuestro propio desarrollo personal. Es importante visualizar nuestras posibilidades y entender que cada proyecto que realicemos o cada negocio que deseamos emprender, son una escuela de éxito en nuestra vida. Lo más maravilloso es aprender a disfrutar el proceso.

En muchas ocasiones padecí el síndrome de la mentalidad extremista, rindiéndome después de haber caído en la trampa de la falsa motivación y de la idealización. Cuando nos sentimos parados frente a frente con nuestros verdaderos límites, llega a nosotros la fabulosa oportunidad de aprender a buscar los ánimos perdidos y aprender a seguir adelante.

Cuando basamos nuestra identidad en algo o alguien externo a nosotros, cometemos el error de esconder nuestros temores e inseguridades detrás de máscaras que nos hacen lucir aparentemente bien de momento, siendo el disfraz que nos permite seguir caminando a pesar de que nuestras fuerzas se han comenzado a debilitar.

Después de haber experimentado el usar diversos disfraces, puedo decirte que ahora he aprendido a sentir el miedo y valorarlo, he aprendido a disfrutar la incertidumbre, y me sirve de brújula para saber que estoy saliendo de mi zona de confort. He descubierto que lo más maravilloso es aprender a disfrutar el viaje con todas sus curvas, porque solo así aprendemos a manejar nuestro vehículo sin desear abandonarlo por miedo o por cobardía. Muchas veces queremos escapar del dolor, sin darnos cuenta de que es justamente el dolor lo que nos ayuda a ser más fuertes cada día.

No creer en las posibilidades de lograr nuestros proyectos tiene grandes repercusiones en nuestra actitud; el no sentirnos a la altura de las circunstancias puede hacernos creer que nuestros sueños están fuera de nuestro alcance.

Pensar que nuestras metas no son posibles nos produce un sentimiento de inferioridad. Buscar afuera el poder que tenemos dentro nos puede conducir a la procrastinación, la soledad y el desánimo. Muchas personas sencillamente ya no están dispuestas a luchar; incluso yo misma he sentido muchas veces un deseo enorme de "tirar la toalla" cuando el camino se vuelve más empinado.

En la medida que mantengamos esos patrones de desánimo, el no creer en nuestros planes se irá convirtiendo en uno más de nuestros hábitos. Nuestros proyectos y metas forman parte de nosotros, y es por ello por lo que no conseguirlos puede afectar nuestro estado de ánimo, nuestra autoimagen y hasta nuestra salud física y mental.

Creer en nuestros proyectos y emprendimientos es creer en nosotros mismos.

Cuando creemos que nuestros proyectos o metas tienen la posibilidad de materializarse, la fe en ello logra permear nuestro ánimo y disposición diaria, aun cuando estemos en etapa de planificación.

Creer posibles nuestros proyectos tiene un gran impacto en nuestra actitud, y esto resulta fundamental para tener una vida exitosa, pues nuestra relación con las situaciones siempre depende de la manera en que las interpretemos.

Adoptar una actitud melancólica y depresiva hará que cualquier reto o situación nos parezca muy difícil de asumir, y las posibilidades de lograr el éxito se convertirán en algo fuera de nuestro alcance.

Cuando creemos que el éxito proviene de algo externo a nosotros, surge la creencia de que no somos los responsables de nuestros logros; esta forma de pensar nos saca de antemano del juego y afecta en nuestro amor propio y en la seguridad en nosotros mismos. Esta forma de gestionar nuestra vida va creciendo como una bola de nieve, reduciendo drásticamente nuestra autoestima y autovaloración, infringiendo un miedo a accionar que nos condena a vivir en el automático de hacer lo que pareciera "más seguro".

El sentirnos capaces de lograr lo que nos proponemos, nos permite romper el círculo vicioso del pensamiento negativo al vernos progresar ante nuestros propios ojos. Si nos miramos al espejo con honestidad, y encontramos nuestras viejas costumbres y malos hábitos, podemos tomar acción comprometiéndonos a cambiar un hábito a la vez para empezar.

Creer en nuestro valor nos lleva a manifestar nuestras virtudes y a conectar con el impacto que podemos generar en nuestro entorno.

El emprendedor debe conocerse a sí mismo, para decidir con asertividad el camino a seguir. Cuando no conocemos nuestras coordenadas con relación a nuestros propios planes y el nivel de nuestras capacidades, podemos llegar al punto de exigirnos mucho más de lo que podemos manejar, y en caso de no lograr los resultados esperados, podemos caer sin darnos cuenta, en una conducta de autocrítica, incluso viendo más problemas de los que realmente hay.

Revisa la opinión que tienes de ti mismo

El autoconcepto positivo de uno mismo, unido con la autoexigencia, puede marcar hasta dónde podemos llegar. El estar claros sobre cuál es nuestra próxima meta o cuál es el siguiente paso en dirección a ella, nos ayudará a establecer ese orden y esa estructura que estábamos buscando, lo que nos permite tener una relación saludable con nosotros mismos, siendo esta una característica de un emprendedor experimentado.

En la vida requerimos tanto de la rutina como del cambio en iguales proporciones. La alternancia entre sostener hábitos productivos y romperlos de vez en cuando, es una práctica que muestra un desarrollo propio de los seres humanos. Para tener éxito en nuestra vida, dependemos de saber identificar que debemos ir mejorando, para enfocarnos en ello y seguir cosechando resultados.

Las Personas que Tienen el Hábito de ser Disciplinadas, Administran de Forma Inteligente sus Recursos.

El desarrollar la virtud de la disciplina nos ofrece la posibilidad de auto conocernos y ejercer el autodominio, de esta manera, nuestros esfuerzos y decisiones estarán mejor enfocados, pues sabremos orientarlos hacia donde realmente nos interesa llegar. Para mi este ha sido un reto en el que sigo trabajando. He logrado ser disciplinada para muchas cosas, pero sigo trabajando en otras. Esto es así, un continuo trabajo personal en cambiar nuestros propios programas mentales.

Al momento de emprender, todos sentimos la emoción que caracteriza cualquier inicio; sin embargo, el tiempo y las dificultades no tardan en oscurecer el firmamento de quien no está preparado para bailar debajo de la lluvia. En esos momentos es cuando tener un espíritu perseverante nos puede mantener enfocados en seguir caminando rumbo a la meta.

La perseverancia convierte a los soñadores, en emprendedores triunfadores.

La Perfección no Existe

Los seres humanos debemos aceptar nuestros límites de forma realista: si bien no somos perfectos, siempre tenemos la posibilidad de impulsarnos a alcanzar lo que nos proponemos, aun cuando esto implique una dosis mayor de esfuerzo de nuestra parte.

Es normal que deseemos alcanzar la excelencia en lo que hacemos; el problema surge cuando en lugar de buscar la excelencia, pensamos que es posible que todo salga perfecto, y sin darnos cuenta, este ideal prácticamente inalcanzable puede arruinar un ingrediente básico y fundamental del camino a convertirnos en nuestra mejor versión, lo cual es "disfrutar el camino".

Al aprender lo que NO debemos hacer para tener éxito en nuestra vida, es necesario abordar este término de la perfección con prudencia, pues tiene el poder de ayudarnos en algunos aspectos y perjudicarnos en otros.

Muchas personas arruinan su vida y sus relaciones queriendo alcanzar la perfección. Es importantísimo entender la diferencia entre perfección y excelencia, o perfección y profesionalismo, ya que podemos lograr grandes resultados en todo aquello que nos hemos propuesto, poniendo siempre lo mejor de nosotros, y haciendo nuestras labores y nuestro trabajo, servicio o producto de la mejor manera posible.

El estrés que se provoca por enfocarnos obsesivamente en desear que todo salga siempre perfecto genera frustración, impidiéndonos disfrutar con gozo de los resultados que vamos obteniendo.

Cualquier logro, por pequeño que sea, debe generarnos placer, felicidad y entera satisfacción.

Si a pesar de disfrutar de grandes lujos y de logros acumulados, se experimenta apatía, irritabilidad y además se muestra una expresión gris y poco contenta, significa que no importa cuánto se haya logrado, es difícil estar a gusto y esa es una señal que muestra a una persona perfeccionista. Lamentablemente esa es la consecuencia de llevar la autoexigencia al máximo nivel por tanto tiempo, acostumbrándose a no sentirse satisfechos con nada.

Para mí fue muy importante detectar mi constante insatisfacción e irritabilidad cuando las cosas no salían como yo esperaba. Fue valioso porque pude así aprender a tomar la responsabilidad de cambiar ese aspecto de mi vida y hacerme un favor y a quienes me rodean.

Sin saberlo, llegué a ser mi peor juez en muchas ocasiones, haciendo de mi deseo de perfección, un obstáculo que por mucho tiempo me impidió disfrutar de mi familia y de lo que realmente me apasiona en la vida.

Cuando nos miramos a nosotros mismos a través de los lentes del perfeccionismo, siempre nos quedamos a deber; nos hacemos insignificantes ante nuestros logros, al punto de que ni siquiera los reconocemos como tales, pues vivimos enfrascados en una lucha con nosotros mismos por tratar de "hacer las cosas cada vez mejor".

De ahí se deriva un denso sentimiento de insatisfacción crónica que puede paralizarnos en la acción, cayendo en una desvalorización personal que nada tiene que ver con quienes somos en realidad.

Afortunadamente podemos tomar consciencia de que viendo el mundo desde la ventana del agradecimiento y buscar la excelencia en lugar del perfeccionismo, nos permite disfrutar mejor nuestra vida. Considero de suma importancia entender muy bien esta diferencia.

El perfeccionismo es considerado como una tendencia a establecer estándares excesivamente altos de desempeño, combinada con una evaluación posterior excesivamente crítica y una creciente preocupación por evitar cometer errores, rasgos que se expresan con baja tolerancia a la frustración.

Lo más rescatable de este tema sería el aprender a distinguir las señales para no permitirnos caer en conductas nocivas, a la par de seguir esforzándonos por ser mejores cada día.

Haz que en tu mente el éxito sea el camino, y no sólo llegar a la meta.

Por otro lado, es importante también observar nuestros pensamientos dominantes, ya que, así como el hábito de buscar el perfeccionismo nos lleva a un bucle de frustración, de la misma manera el pensamiento negativo de darnos por vencidos nos viene a perjudicar.

Podemos sustituir este último por el enfoque hacia la disciplina y la pasión por lo que hacemos, ya que esto nos permite comprender que el éxito se logra al disfrutar verdaderamente el camino. Hacer algo solo por satisfacer un capricho o por razones externas, nos puede generar un enorme vacío que es difícil de explicar, afectando nuestro estado de ánimo, nuestra motivación e incluso nuestra salud.

Es muy importante preservar nuestra felicidad a pesar de los inconvenientes y las circunstancias adversas de la vida.

Evitar caer en la trampa del perfeccionismo es tan importante como evitar justificar nuestra falta de profesionalismo o la baja calidad de nuestro producto o servicio. Hay quienes pueden llegar a usar como excusa la frase de "la perfección no existe" para justificar su falta de entrega y compromiso; por eso también debemos poner atención si experimentamos falta de ánimo por esforzarnos, o incluso por aprender y tratar de hacer las cosas cada vez mejor.

Es crucial detectar la falta de motivación en nuestro desempeño, pues puede ser un indicativo de qué hay algo que requerimos ajustar y alinear entre los verdaderos deseos de nuestro corazón y lo que estamos haciendo.

Quizás no podemos dar más de nosotros mismos porque hay algo en dicha actividad que va en contra de nuestras propias creencias, o nos separa de nuestros sueños, y lo manifestamos con esta falta de motivación y apatía.

Quizás vender ciertos productos de una compañía no es para ti, tal vez te toque explorar otros productos que vayan más acorde con tus creencias, como por ejemplo productos que usas y que amas por sus resultados. Lo importante es saber que todo suma; yo tuve la experiencia en varias ocasiones de sentirme desanimada y desconectada con lo que estaba haciendo, pero precisamente el darme cuenta de que no me sentía motivada para salir y vender esos productos, fue lo que me llevó a descubrir mi verdadera misión de vida, que es el ayudar a otras personas a escribir y publicar sus libros.

¡Escucharnos a nosotros mismos es la clave!

Si bien es cierto que hay que hacer aquello que amamos, también es cierto que debemos aprender a amar lo que hacemos, pues en la vida tenemos que caminar por lugares espinosos, sobre la vereda que nos lleva a la realización personal y el logro de nuestras metas y sueños.

Por otro lado, la idea de que la perfección no puede ser alcanzada, puede mantener el rendimiento de algunos muy por debajo de sus verdaderas capacidades. En sí, es muy importante encontrar un balance en todo.

Caer en los extremos nos conduce a adoptar hábitos negativos como el de crear excusas, ser incumplidos, llegar tarde, etc. Tal vez funcione por un corto tiempo, pero tarde o temprano se irán mostrando los estragos y los daños causados por practicar estos malos hábitos.

Quien se casa con la idea de que es inútil alcanzar la perfección, puede caer en la trampa de la autojustificación, perdiendo la disposición para ir más allá de sus límites.

Siempre hay un punto en los procesos donde se pueden enmendar los errores y comenzar de nuevo. Además, resulta ser un auto engaño esperar construir algo realmente significativo desde la falta de entrega y la falta de profesionalismo. Esta actitud nos roba oportunidades de aprendizaje y de reflexión que pueden guiarnos a transformar nuestra vida y convertirnos en nuestra mejor versión.

Cuando vemos al mundo desde la ventana de la mediocridad, nos acostumbramos a aceptar cualquier resultado, incluso siendo insatisfactorio. Las personas que repiten procedimientos sin preocuparse de que están obteniendo los mismos resultados equivocados una y otra vez, tienden a quedarse estancadas, y a sentirse mal consigo mismas... ahora te hago a ti estas preguntas y te invito a la reflexión, ¿qué deseas obtener en tu vida? ¿qué requieres cambiar para lograrlo?

La Repetición de Errores Sin Corregir: Un Círculo Vicioso que Aleja el Éxito.

La exigencia positiva que motiva y estimula a entregar lo mejor de nosotros mismos, está muy relacionada con la idea del profesionalismo. En el proceso del autoconocimiento y descubrimiento de nuestros dones y talentos, existe un proceso de aprendizaje donde podemos inspirarnos y retarnos a ser cada vez mejores en aquello que ya nacimos buenos para hacer.

Es muy importante saber hasta qué punto debemos exigirnos, además de entender que la exigencia también va de la mano con la reflexión y la indagación constante acerca de nuestras inquietudes; de esta manera no solo sabremos qué tanto exigirnos, sino también hacia dónde dirigir nuestros esfuerzos, en pro de conseguir los resultados deseados y nuestras metas planteadas. Debemos tener claro nuestro posicionamiento con respecto a los resultados que deseamos obtener.

Transformemos una Mentalidad Negativa en Positiva a Través de la Práctica de la Consistencia y la Disciplina

Si trabajamos en ser consistentes y disciplinados, podemos ver resultados y avances positivos en nuestra vida. Vivir en congruencia con nuestros valores y principios fundamentales nos lleva de la mano para vivir la vida que deseamos vivir. Cualquier pequeño avance que nos permita trascender nuestros límites, significa un paso gigante en nuestro crecimiento interior.

Quizás no podamos alcanzar la perfección, pero si podemos evitar usar esta idea como justificación para no intentar ir más allá y ser profesionales en lo que hacemos.

La inconstancia es un hábito perjudicial que puede desviarnos del logro de cualquier proyecto. Enfocar nuestra atención a la productividad en las etapas iniciales de cualquier proyecto, pero bajando la barra después, nos llevará a desperdiciar nuestros primeros esfuerzos. Es como plantar una semilla, regarla, poner la maceta en la ventana para que la semilla reciba el sol, y cuando ya por fin vemos el pequeño brote verde saliendo de la tierra, parar de regarla o dejar de ponerla al sol, o regarla unas veces y otras no porque se te olvida. ¿Puedes imaginar el resultado? ¡Exacto! Así se ve practicar la inconsistencia, solo que a veces no lo vemos, no lo hacemos consciente, no lo aceptamos o no lo queremos ver.

Podemos quejarnos de no tener las ventas que queremos, pero si no estamos prospectando lo suficiente, es más, algunos días ni siquiera estamos prospectando, ni buscamos conectar con nuevas personas, ni pedimos referencias a nuestros clientes, por seguro estaremos cosechando un resultado con bajas ventas o incluso cero ventas, lo cual nos indica la forma en la que estamos operando.

Aquí lo importante es ser honestos con nosotros mismos, y entender que, si deseamos tener más ventas, debemos aprender los pasos del proceso de ventas y hacernos muy buenos en ello. Saber atraer a las personas correctas, dominar las preguntas para calificar al prospecto para saber si es un cliente potencial o no, llevar a este prospecto a la presentación de ventas, saber vencer objeciones, y saber cerrar ventas, son importantes para poder mejorar nuestra facturación.

Eso lo aprendí después de entrar al "Campamento de Ventas" con Tino Mossu y Lautaro Di

Estefano Fernández, donde aprendí todo esto que te acabo de mencionar. Dominar y conocer el proceso de ventas, hizo una gran diferencia en mi autoimagen, en mi confianza, en mi progreso y en mi rendimiento.

"Al que está preparado nada lo tumba y nunca hay que prepararse si siempre se está listo" Lautaro Di Estefano Fernández

Si no estamos siguiendo los pasos del proceso de ventas, o si lo estamos haciendo inconsistentemente, ni con un milagro del cielo puedes elevar tus ventas. Se requiere mucho más que fe y declaraciones de abundancia para lograr resultados. Recordemos que aún la fe sin obras es muerta, por tanto, trabajar en forma inconsistente, solo nos llevará a resultados pobres e inconsistentes, dando origen a un complejo espiral de donde es difícil salir, si no entendemos que estamos metidos ahí.

Es crucial para nosotros captar que, si seguimos habituados a esperar retribuciones sin poner el tiempo y el esfuerzo requeridos, además de esperar que las cosas funcionen a corto plazo, nuestro entusiasmo puede empezar a decaer a medida que avanzamos en las fases siguientes. Así es como muchos grandes planes se van quedando en el camino.

Es nuestro trabajo seguir encontrando la razón de porqué hacemos lo que hacemos, para recordar todos los días el propósito de nuestra meta.

Trabajar en nuestros proyectos con el mismo entusiasmo del primer día es la fórmula de la constancia. Los japoneses son un modelo para seguir en materia de constancia, demostrando al mundo que la verdadera fuerza de las civilizaciones está en su disciplina, y que el potencial más valioso del ser humano radica en su capacidad para seguir adelante, pase lo que pase.

La inconstancia es un hábito que nos produce confusión e indecisión, evidenciando puntos débiles de nuestro carácter. Necesitamos dejar de quejarnos de todo aquello que consideramos negativo en el transcurso de nuestros proyectos, ya que por muy adverso que parezca, TODO nos está aportando un aprendizaje.

Aprender a enfocarnos en ver siempre el lado positivo de las cosas, nos permite ganar incluso cuando perdemos, pues nos quedará la experiencia de lo vivido que, a fin de cuentas, es lo que nos permite avanzar y corregir los hábitos que nos juegan en contra.

Todo lo que nos Rodea es una Fuente de Información.

La inconstancia se vuelve un programa mental que nos lleva a cambiar constantemente nuestro norte, nos crea inseguridad y muchas veces nos hace dudar si seguir adelante o no. En cambio, el ser constantes refleja nuestra capacidad de tolerar los aspectos negativos de las cosas que verdaderamente nos gustan, a fin de poder alcanzar los resultados deseados.

No ser constantes fractura nuestra fortaleza en los momentos adversos, y sucede que los proyectos de emprendimiento enfrentan constantemente vientos en contra ante los cuales necesitamos estar firmes, si realmente queremos triunfar en lograr nuestros sueños, requerimos trabajar en ser constantes.

Los obstáculos en cualquier camino no están ahí para evadirlos, sino para superarlos, y esto se logra con constancia y disciplina diaria. Tomando decisiones, e incluso equivocándonos rápido, para corregir rápido. Esa es la clave para mejorar nuestras fortalezas. Mientras la inconstancia garantiza el fracaso y la falta de frutos de cualquier proyecto, el ser constantes, por otro lado, hace que nuestros hábitos positivos y los buenos resultados que estos nos generan se conviertan en una forma de vida.

Es muy importante entender que un hábito **es el resultado de una acción que repetimos frecuentemente de forma automática.** Si nos fijamos, en nuestro día a día repetimos muchos hábitos, como quitarnos los zapatos al entrar a casa, apagar las luces antes de salir, cepillarnos los dientes, entre muchos otros. Así como practicamos nuestro cuidado diario y esa práctica se almacena en nuestro cerebro como un programa mental, también la constancia de obtener resultados y de no rendirnos se archiva si no dejamos de practicarlo.

La Constancia Enfoca Nuestra Mente y Convierte el Exito en Costumbre.

Los emprendedores de corazón nunca se detienen; están habituados a superarse cada vez más, procurando obtener beneficios en cualquier ámbito; buscan crecer constantemente, y esto explica la relación que existe entre constancia y crecimiento, siendo una la causa, y la otra el efecto.

Un mínimo de constancia asegurará igualmente un mínimo de resultados para las personas que se proyectan a corto plazo, porque es difícil construir el éxito en poco tiempo.

La falta de constancia también se convierte en un hábito. En realidad, es uno de los hábitos que te harán perder muchas oportunidades durante tu vida.

Revisa tus Rutinas Diarias

Es conveniente revisar las tendencias rutinarias que necesitamos cambiar si queremos obtener resultados diferentes en los distintos ámbitos de nuestra vida. Tenemos programas mentales almacenados en nuestro cerebro y es muy importante que sepamos distinguir cuáles son.

La consciencia de saber que la perfección no existe nos dará la persistencia que necesitamos para llegar a dominar el profesionalismo, aun sabiendo que la perfección es inalcanzable, saber que podemos alcanzar el profesionalismo nos permitirá valorar mucho más cada logro, sabiendo que dimos nuestra milla extra.

Por otro lado, es bueno entender que la constancia es un hábito, y como tal, debemos ejercitarla todos los días, comprendiendo que hasta en las cosas que más nos apasionan, existen momentos adversos que debemos tolerar y de los cuales podemos y debemos aprender. No hay forma de escapar de las lecciones difíciles de la vida, pero justamente saber que podemos ser más resilientes y aprender a bailar debajo de la lluvia, puede ser el motor de impulso para ir todos los días en busca de nuestro éxito.

Quisiera poner como ejemplo un matrimonio. Cuando alguien se casa, no lo hace solo con lo que ama de esa persona, porque también vienen incluidos en el paquete sus otros aspectos que quizás no hagan tan feliz a su pareja, como puede ser dejar los zapatos tirados en la sala, o no bajar la tapa del inodoro, por ejemplo. Sin embargo, el amor te dice que, para tener lo que quieres, debes tolerar ciertos elementos que no quieres; reconocerlo será el punto de partida para poder cambiar nuestra perspectiva. Aceptar sin juzgar nos permite crear acuerdos, negociaciones y a la larga cambios favorables que funcionen para todos.

Elige Extraer lo Positivo de lo Negativo

Siempre que lo elegimos de esa manera, es posible extraer algo positivo de lo negativo; la magnitud de nuestros errores solo dependerá de la interpretación que nosotros hagamos de ellos; en otras palabras, es nuestra interpretación la que define los hechos que vivimos. Si sabemos obtener ventaja de nuestros errores, nunca serán demasiado grandes ni devastadores.

Muchos errores y momentos que consideramos adversos terminan convirtiéndose en una fuente inagotable de experiencia y beneficios, pero todo depende de los lentes que usamos para verlos. En lo personal, he ido aprendiendo a descubrir "la bendición detrás de la adversidad".

He vivido momentos en los que me he sentido colapsada, hundida, perdida, pero con el pasar del tiempo y la adquisición de experiencias he ido aprendiendo que todo está a mi alcance para ser incorporado a mi ser como conocimiento y fortaleza personal. Hay estados de ánimo que nos paralizan; la falta de constancia se traduce en una sensación de desánimo y, por ende, causa falta de seguridad en nuestras decisiones. La pérdida de enfoque se traduce en una dispersión de nuestra energía.

En este sentido, nuevamente encontramos que la solución se aloja en nuestro interior. La forma en que fluyen nuestros pensamientos es la que determina de qué manera nos definimos a nosotros mismos. Si una idea nos produce regocijo o depresión, volvemos a lo que te mencioné en párrafos anteriores, TODO es nuestra interpretación personal y nosotros le damos significado a las cosas que nos pasan.

Aquí lo importante es aprender a ser el observador de nuestras creencias para cuestionarlas. Si vemos que algo nos juega en contra, sustituimos esa idea, creencia o pensamiento por uno que si nos sume. Esta práctica nos llevará a saber manejar mejor nuestro vehículo de vida, con todo el equipo que trae incluido. Nuestro cuerpo y nuestra mente son el equipaje más valioso con el que cuenta nuestra alma para viajar por este mundo.

Ya es hora de que abandonemos una forma de vivir donde no nos atrevemos a tomar las riendas de nuestra propia mente. Nadie más que tú tiene el poder de redirigir la nave de tu vida, especialmente cuando sientas que estás avanzando en el sentido equivocado. Apaga el piloto automático donde tus conversaciones limitantes llevan el control de tu vida, y atrévete a dibujar el mapa hacia tus sueños con el impulso de tu motivación interior, tu perseverancia, tu conciencia y tu voluntad.

La constancia ayuda a reprogramar nuestro cerebro y se convierte en un imán para atraer el éxito a tu vida.

Por último, quiero preguntarte: ¿Vives Bajo el Programa Mental Conocido como el "Dame, Dame"?

Para descubrirlo te quiero invitar a observar tus pensamientos y revisar si crees que necesitas dinero, amor, atención de los que te rodean. ¿Crees que, si te dieran un aumento de sueldo, tu vida cambiaría? ¿crees que, si te dieran más amor, serías más feliz? ¿Crees que ganarte la lotería resolvería tu vida?

Para quienes están operando bajo el programa mental "Dame, Dame", inconscientemente están buscando constante aprobación de los demás, y sin saberlo están siempre demandando hacia afuera, manifestándose en carencia sin darse cuenta.

Venimos a esta vida a aprender y a experimentar, sin embargo, hay leyes universales que nos rigen, aunque no estemos conscientes de ello. Es importante entender que lo que emanamos es lo que recibimos, entonces mientras estemos operando bajo el programa mental de "Dame, Dame", pidiendo constantemente y comunicando que no tenemos lo que necesitamos, al emanar carencia, recibiremos carencia.

Entonces ¿qué hay que hacer? Algo que está en nuestras manos hacer de inmediato es convertir ese "Dame, Dame", en "Me Doy, Me Doy". Por ejemplo, te molestas y te sientes mal porque a tu jefe no le parece como hiciste el trabajo, o quizás tu esposo te criticó por algo, o te enteraste del comentario negativo que alguien hizo de tu persona y te sientes muy mal por ello. Entonces aprovecha esa oportunidad y te dices, me doy aprobación, me valoro, hice lo mejor que pude, me esforzaré en hacerlo mejor, me doy la aprobación, yo valoro mi esfuerzo, valoro mi trabajo y valoro quien soy con mis defectos y virtudes.

Te quiero recordar que tú vales mucho y justo en este capítulo hemos hablado sobre la importancia de cambiar nuestra programación mental negativa, así que si estás padeciendo del Síndrome del "Dame, Dame", aquí te dejo la solución. Repite las veces que sean necesarias: me doy aprobación, me valoro, me reconozco, soy suficiente, hasta que te sientas bien.

A medida que programemos nuestra mente y cambiemos esos programas negativos podremos experimentar un maravilloso cambio a nuestro alrededor. Recuerda que como es adentro es afuera; nosotros creamos a nuestro alrededor una proyección de nuestros pensamientos y de nuestras creencias, por eso si queremos cambiar nuestros resultados, debemos enfocarnos en cambiar primero nuestros pensamientos negativos.

CAPÍTULO 4
EL HÁBITO DE DESCUIDAR TU SALUD

Tu Salud Depende de Ti...

Nuestro cuerpo nos habla de muchas maneras diferentes, pero no siempre lo escuchamos. De hecho, no solo puede comunicarse con nosotros, sino que también tiene sus propias maneras secretas de hacerlo. En caso de emergencia, puede hasta empezar a "hablarnos" a través de nuestros ojos, del color de nuestra piel, ronchas, comezón, dolores de cabeza, cansancio, irritabilidad, etc. Nuestros ojos pueden cambiar repentinamente de color o aparecen bultos en ciertos lugares. Todo lo que tenemos que hacer es prestar atención y actuar rápidamente.

Cuando hablamos de salud debemos considerar siempre dos aspectos: el cuerpo y la mente. Es importante mantener una buena condición física y desarrollar una mente saludable, pues el estrés y la ansiedad son la causa de graves patologías que pueden llegar a ser mortales.

Las personas relacionan muy a menudo el tema de la salud con el ejercicio físico y la sana alimentación; en cierto sentido es así, pero además de estos importantes aspectos, hay muchos otros factores involucrados.

Para estar saludables también debemos observar nuestros pensamientos, ya que nuestras emociones mal gestionadas pueden ocasionar problemas físicos y falta de la energía necesaria para enfrentar la vida. Gestionar de manera adecuada lo que pensamos y sentimos es otra forma de mantener nuestra salud.

No es casualidad que las últimas tendencias incluyen enfocar nuestra atención hacia la salud física y mental. Nuestro cuerpo es la estructura que sostiene nuestro espíritu y canaliza nuestra voluntad en acciones, por tanto, si no gozamos de buena salud, será todo un reto funcionar y enfocarnos en realizar todas las actividades que requerimos desempeñar. Es casi imposible emprender y cumplir metas si no estamos sanos tanto física como mentalmente.

Mi Propia Historia: Un Ejemplo de que Caer en los Extremos Daña Nuestra Salud.

Yo he tenido que superar muchos retos para perder peso; en las primeras tres décadas de vida pude mantenerme a base de rigurosos regímenes alimenticios, pero a raíz de mi divorcio sin darme cuenta entré en un periodo de depresión. No dormía por las noches, mis hábitos alimenticios cambiaron drásticamente y, en consecuencia, aumenté de peso en extremo.

Era una situación muy desagradable y triste; todo eso lo sufrí en silencio; literalmente, sentía que me iba a morir, y me invadió un temor muy profundo que nunca comenté con nadie. Solo yo sabía cómo me sentía y mi mayor temor era el desamparar a mis hijos que aún eran pequeños...

Me daba miedo dormir de noche, porque sentía que ya no iba a despertar; entonces dormía de día al salir del trabajo, unas tres horas quizás; después revisaba las tareas de mis hijos, les daba de comer, los preparaba para ir a dormir, y me quedaba despierta cocinando, limpiando, doblando ropa y preparando todo para el día siguiente.

Empecé a comer durante las noches y no dormía lo necesario; al ver que estaba subiendo de peso se agudizó mi círculo depresivo. Sin darme cuenta comencé a experimentar un fuerte rechazo hacia mí misma, y terminé encerrada en mi tristeza y en mi depresión.

Todo comenzó a mejorar cuando conocí a unas misioneras y comencé a asistir a una iglesia. Al encontrarme nuevamente con Dios y sentirme protegida por Él, pude sentir la fuerza para salir adelante. Es muy difícil para mí explicarte cómo fue que pasó, pero en el transcurso de haber aceptado a Cristo en mi vida, pude sentir como mi alma literalmente regresaba a mi cuerpo.

Fue ahí donde me di cuenta de que había vivido dos años de mi vida en depresión, sin estar consciente de ello. Al sentirme feliz y llena de energía nuevamente, pensé que no quería volver a sentirme de esa manera otra vez. Con ímpetu y motivación, bajé de peso y de talla 16 logré llegar a la talla 6. Fue un maravilloso proceso de sentirme viva nuevamente.

Me tomó dos años, pero valió la pena. Después me casé por segunda vez, tuve una hermosa niña y mi vida dio un giro de 180 grados por un tiempo.

Ya con ánimos me sentí motivada para hacer cambios y comencé a cuestionar mis hábitos. Te puedo decir que hasta la fecha sigo trabajando para alcanzar nuevamente el equilibrio de mi salud, tanto física como mental. Todo este proceso ha sido un hermoso recorrido donde he aprendido a ponerme en prioridad.

Sin embargo, la vida nuevamente me pondría a prueba. Otra vez transité por un camino rocoso. Después de haber salido de una profunda depresión, no me di cuenta de que había mucho trabajo que hacer en mí todavía. Después de que mi hija nació, volví a subir de peso, pero todo fue un seguidillo de estragos que fui acumulando sin percatarme de ello.

En mi cuarto mes de embarazo viví muchas circunstancias en mi matrimonio, que me debilitaron la voluntad. El estrés y una relación muy tóxica me llevaron a cruzar una puerta de falta de amor propio y por ende mi salud física y mental se vieron afectadas nuevamente.

Como te he dicho anteriormente, todo suma y de todo se aprende. De las experiencias de vida he aprendido muchas grandes lecciones. No ha sido fácil para mí perder todo el peso extra, porque en realidad no me lo he propuesto como debería. Sigo trabajando en ello, pero me llena de alegría y de esperanza el sentir que cada vez estoy más en comunión conmigo misma.

La vida a menudo da muchas vueltas y nos presenta desafíos que debemos enfrentar y resolver. En ocasiones, estas pruebas aparecen como oportunidades para aprender lo que aún no hemos comprendido del todo.

Quién iba a decir que, dos años después de unirme a la iglesia y experimentar un cambio significativo en mi vida, me casaría por segunda vez y quedaría embarazada. Como mencioné anteriormente, Dios nos bendijo con una hermosa niña que completaría nuestra maravillosa familia. Mi hija vino a sumarse a mis dos hijos varones nacidos durante mi primer matrimonio. Sin embargo, mi embarazo estuvo marcado por experiencias desafiantes que afectaron seriamente mi salud.

A pesar de las dificultades, estas experiencias me brindaron lecciones invaluables. Profundicé más en esta parte de mi historia en mi libro "Nadie te va a Rescatar". Lo escribí justo después de comprender el poder de asumir la responsabilidad total de nuestras vidas y cómo nuestro impacto en el mundo puede ser significativo. Entendí que nadie nos debe nada, y lo que es aún más importante, que nadie puede hacer por nosotros lo que nos corresponde hacer, porque nadie puede rescatarnos.

Uno de los regalos más valiosos que recibí fue darme cuenta de que aceptarme en todas mis facetas era una prioridad. Aprendí a amarme, incluyendo mi sobrepeso y todos mis aspectos. Tomar la responsabilidad de mi vida fue un gran avance. Puedo decir con seguridad que he hecho grandes progresos en mi aceptación personal, en mi amor propio y en mi auto reconocimiento.

El estar conscientes de lo que necesitamos hacer para que podamos mantener un balance en nuestra vida, nos ayuda a superar retos y a adoptar rutinas saludables.

He escuchado a personas decir: "Voy a comer lo que me gusta, aunque sé que no es sano, pero de algo tenemos que morir", o su variante: "La vida es una sola, hay que emborracharse y celebrar al máximo". Pero sea cual sea la frase, estas declaraciones podemos repetirlas sin darnos cuenta de que estamos ignorando el daño que nos hacemos.

En mis primeros 30 años de vida me hice mucho daño sin saber que lo estaba haciendo. Cuando me deprimía y cuando permitía situaciones inaceptables en mi relación con otras personas, también dañaba mi salud física y mental. Con el paso del tiempo vamos reconociendo que no siempre tomamos decisiones que nos favorecen para tener una salud equilibrada, pero es de sabios reconocer y enmendar el camino.

Disfrutar de nuestros logros durante mucho tiempo es posible gracias a un cuerpo y una mente saludables. Alcanzar un estado de salud óptimo no es cuestión de magia, sino el resultado de mantener buenos hábitos alimenticios, estar activos físicamente y cuidar nuestras emociones y pensamientos de manera adecuada.

La Buena Salud: Un Pilar que Sostiene Nuestros Logros en la Vida.

Acostúmbrate a escuchar a tu cuerpo; él sabe mejor lo que puede estar necesitando en un determinado momento. Si nos enfocamos en conocernos a nosotros mismos seremos capaces de cuidarnos con empatía y amor. Creo que ese fue uno de mis principales errores por mucho tiempo. Ignorarme.

Nuestro cuidado personal está vinculado con el hábito de la disciplina y el autodominio. Cultivar nuestra salud integral es un signo de equilibrio. Cuando descuidamos nuestra mente, cuerpo y espíritu nos habituamos a postergar en otras áreas, e incluso a abandonar muchas de nuestras metas. No nos damos cuenta, pero practicando el abandono nos resta la fortaleza necesaria para concretar o lograr nuestros sueños.

La salud es una de las prioridades de todo emprendedor que desea tener la energía para disfrutar su camino al éxito. La falta de disciplina en el cuidado de nuestra salud física y mental puede llegar a afectar nuestros emprendimientos. Alimentarnos con calidad, ejercitarnos y descansar adecuadamente son una especie de buena inversión que garantiza nuestra salud a largo plazo.

Adoptar una alimentación saludable nos brinda una profunda satisfacción personal y tiene un impacto significativo en nuestra percepción de nosotros mismos. Una dieta equilibrada proporciona a nuestro cuerpo los nutrientes necesarios para su óptimo funcionamiento, lo que se traduce en mayor resistencia y determinación en la búsqueda de nuestros objetivos. Además, influye de manera significativa en nuestro estado de ánimo y emociones, ya que nuestro cuerpo y nuestra voluntad trabajan en conjunto para alcanzar nuestras metas.

Esta lección me llevó tiempo aprenderla y, aunque aún tengo un largo camino por recorrer en esta área, me motivo a dar pequeños pasos cada día para mejorar mi salud, mis hábitos alimenticios y mi bienestar en general.

Cuidar nuestra salud es una de las inversiones más importantes que un emprendedor puede hacer. En un mundo lleno de tentaciones como el tabaco, el alcohol y alimentos deliciosos, pero poco nutritivos, es crucial recordar que estos placeres momentáneos pueden tener consecuencias devastadoras a largo plazo. Como emprendedores, debemos centrarnos en lo que cosecharemos en el futuro, en función de lo que estamos sembrando hoy.

Te invito a una profunda reflexión acerca de tus hábitos y su influencia en tu vida. Reconocer cuáles te otorgan poder *y cuáles te restan*; esto resulta esencial para que puedas tomar decisiones que te beneficien, proporcionándote energía y felicidad en tu día a día.

Hoy en día, el concepto de salud se ha ampliado significativamente, incluyendo no solo aspectos físicos sino también habilidades conductuales. Esta expansión conlleva un impacto positivo en diversas áreas de tu vida, como el éxito económico, la buena salud y una mayor interacción social. ¡Aprovecha esta oportunidad para mejorar tu bienestar integral! La salud abarca un conjunto de factores que nos habilitan para vivir plenamente.

Procura Descansar

Otro de los factores que debemos tener en cuenta a la hora de cuidar nuestra salud es el descanso. El dormir las horas completas permitirá a nuestra mente descansar de nuestros constantes pensamientos.

Además de inevitable, pensar es recomendable; sin embargo, hacerlo en exceso suele generar estrés y depresión. Rumiar los pensamientos dando vueltas y vueltas a una misma idea afecta seriamente nuestras horas de sueño.

No dormir lo suficiente puede desencadenar problemas de salud y afectar negativamente nuestra claridad mental, lo cual es esencial para llevar a cabo nuestras actividades diarias, incluyendo nuestras responsabilidades en el negocio o emprendimiento. En consecuencia, la falta de descanso se convierte en un hábito perjudicial que nos aleja de la mejora en nuestra vida. Al escuchar a nuestro cuerpo, nos escuchamos a nosotros mismos.

Es muy difícil rendir al 100 % cuando no hemos descansado lo suficiente, porque una parte nuestra sabe que requerimos descanso. Además, hoy sabemos que hay procesos regenerativos de nuestro organismo que se realizan durante la noche. Mientras duermes, se produce la hormona del crecimiento y la melatonina, que tiene la misión de hacernos dormir y es fundamental en la REGEN-ERACIÓN CELULAR de nuestro cuerpo.

No dormir lo suficiente pensando en los problemas de la vida, solo nos traerá más problemas a largo plazo; nadie tiene la vida comprada, pero eso no significa que no podamos ocuparnos en cuidarla mientras la tenemos.

Una vida de calidad y buena salud es un regalo que podemos brindarnos a nosotros mismos en la medida de lo posible. Tomar medidas para evitar la acumulación de estrés o gestionarlo eficazmente en nuestra vida diaria, además de reservar momentos para el descanso, es fundamental.

Es esencial recordar que, si deseamos llevar nuestra vida al siguiente nivel, la falta de sueño puede tener un impacto negativo en nuestra salud. El agotamiento afecta nuestra salud física, mental y emocional. Mantenernos despiertos nos obliga a estar alerta ante estímulos y posibles amenazas del entorno. Si no entramos en períodos de descanso, nuestro organismo permanece en un estado bioquímico de alerta constante en respuesta a una supuesta situación de peligro.

La alternancia entre actividad y descanso forma parte del equilibrio vital necesario que vemos en la naturaleza; tal y como el día le sigue a la noche y nuevamente a la noche le sigue el día, nosotros necesitamos cuidar la armonía de ambos estados, porque se complementan mutuamente.

La falta de descanso afecta nuestras vibraciones energéticas, volviéndonos más reactivos, menos reflexivos, y en general, más violentos y agresivos. Muchas personas no consiguen conciliar el sueño, o no se atreven a soltar por un momento sus responsabilidades, y terminan cargándose de altos niveles de estrés.

Si no logras hacer una pausa en el constante ajetreo del día a día, quizás te conviene hacerte la siguiente pregunta: ¿qué va a pasar si colapsas por no haberte tomado el tiempo que necesitas para descansar?

Personalmente, también he pasado por mucho estrés en diversos momentos difíciles de mi vida, sin embargo, he aprendido con el tiempo que el estrés de nuestra vida cotidiana es algo que podemos erradicar si aprendemos como hacerlo, ya que no forma parte de nuestra naturaleza, excepto en los niveles mínimos necesarios para sobrevivir.

Puede ser que en algunos momentos sintamos una constante amenaza, real o imaginada, por innumerables factores que escapan a nuestro control. Sin embargo, hay maneras en que podemos aprender a lidiar con el estrés, y una estrategia bastante efectiva para calmarnos es preguntarnos si realmente las cosas son como las vemos, o como alguien nos las están presentando.

Pregúntate ¿qué tan probable es que ocurra eso que tanto temes? Si la respuesta es 50% de probabilidad o menos, puedes irte a dormir tranquilo, porque puede no suceder, y si sucede, quizás no te afecte de manera importante.

Descansar también es un trabajo que tu cuerpo y tu mente necesitan. Justo al momento de irnos a dormir, todo nuestro ser se siente como en un oasis en el que pueden dejar de protegerse, y dedicarse a reponer energías.

El Reposo Físico y Mental es muy Necesario en la Vida

El cansancio físico es mucho más evidente que el cansancio mental o emocional, y es por ello por lo que estas modalidades de agotamiento sólo se perciben cuando la persona ya ha llegado al límite.

El esfuerzo y el reposo son necesarios para la salud, para tener el equilibrio y para lograr el éxito en nuestra vida.

La falta de descanso es una pésima inversión de nuestro tiempo, pues obstaculiza la plenitud de nuestras facultades tanto físicas como intelectuales, debilitando nuestras ideas y nuestra voluntad, generando inconvenientes de comunicación, de concentración y de memoria.

Si deseas aprovechar al máximo tu esfuerzo en la vida, tu negocio, tus metas y tu emprendimiento, es fundamental reservar tiempo para el descanso y el ocio. Esto garantiza que tu actitud y aptitudes estén siempre en línea con el nivel de dedicación que otorgas a tus proyectos. Recuerda que el descanso no equivale a tiempo perdido, sino todo lo contrario: es una inversión valiosa que te permite revitalizar tu mente y tu cuerpo, que, en realidad, son tus herramientas más importantes.

El descanso es muy necesario para que se produzca el asentamiento de las ideas y experiencias que hemos generado durante el día. Vale la pena recordar, que este precepto no se refiere únicamente a las horas de sueño, las cuales no deberían ser menos de seis ni más de ocho, según los expertos, sino también a cualquier actividad que represente un tipo de función cerebral como lo es leer, escuchar música, ver películas, meditar, etc.

Vamos a estar claros, trabajar por llevar adelante tu vida, tu negocio o tu emprendimiento te puede llenar de satisfacciones, pero también te puede causar agotamiento. La toma constante de decisiones, el ímpetu que se requiere para mantener la motivación y contagiar al equipo de trabajo, el mantenerse atentos a los imprevistos y sortear las dificultades que se presentan en la vida, puede a veces ser un esfuerzo titánico.

Otro aspecto para considerar es que trabajar en nuestro negocio, en nuestro empleo, en nuestro emprendimiento e incluso, como ama de casa con tu familia, requiere todo un esfuerzo intelectual que nos demanda una gran energía, y que, para ser rentable, requiere llevarse a cabo en las mejores condiciones, es decir, sin estar extenuados y exhaustos.

Ejercítate Constantemente... No Pares de Moverte

Alimentarnos sanamente y descansar de forma adecuada, es tan importante como el ponernos en movimiento. Esto constituye una actividad altamente valiosa para mantenernos en óptimas condiciones.

Hacer ejercicio regularmente nos ayuda a manejar el estrés y la presión que suponen nuestras actividades diarias; el tiempo que dedicamos al entrenamiento se convierte en nuestra burbuja personal, y al sustraernos momentáneamente del mundo, nos aporta una dosis de oxigenación mental.

Mantenernos inmersos en nuestros proyectos sin tiempos de relajación y descanso, puede generarnos depresión, estrés y agotamiento. No cabe duda de que la lectura, la meditación o ver una película en familia, pueden ayudarnos a relajarnos y descansar; sin embargo, el ponernos en movimiento nos aporta otro tipo de ventajas.

Ejercitarse es una forma de reprogramar el subconsciente para optimizar nuestro organismo. Todo emprendedor debe incorporar la actividad física a su rutina de vida; no es necesario pensar en opciones complicadas: una simple caminata puede ayudarnos a liberar toxinas y a mejorar nuestro estado de ánimo.

Estar sanos es la prueba de que nos amamos, y que mostramos preocupación por nosotros mismos; una salud deteriorada se convierte en el obstáculo más grande que podamos enfrentar para el desarrollo de nuestros planes, sueños y proyectos.

Postergar los asuntos referentes a la salud nos genera mayores males en el futuro. Si ya padeces de alguna enfermedad, te recomiendo que sigas las instrucciones de tu médico. Asiste con buena actitud a tus citas, procura descansar y no preocuparte, recuerda que en este momento lo más importante es que te sientas en paz y te enfoques en mejorar.

Te invito a crear tu propio plan de acción para regalarle salud y movilidad a tu cuerpo. Trotar alrededor de la cuadra o incluso en una simple lección de bailo-terapia en casa con videos de YouTube, pueden ser algunas excelentes opciones.

Es muy fácil adoptar hábitos de sedentarismo que después se vuelven difíciles de superar; la falta de constancia puede truncar el logro de cualquier emprendimiento o proyecto. Si no deseas tener éxito, puedes continuar sentado ignorando la necesidad de moverte. Recuerda que ¡Querer es poder!

Una Fuerza de Voluntad bien Dirigida Puede Lograr Todo lo que se Proponga

Muchas personas desean iniciar algún tipo de entrenamiento físico, pero sienten que no cuentan con el tiempo y los recursos para ello, pero atreverse a comenzar es la mitad del éxito, y la otra mitad es desarrollar la constancia necesaria para no detenerse sin haber alcanzado los objetivos.

A la hora de iniciar alguna rutina de entrenamiento físico podemos encontrarnos con obstáculos como:

- Tener expectativas de resultados rápidos
- No sentirnos motivados
- No ser perseverantes, entre otros.

Debemos recordar que, para contrarrestar estos inconvenientes, podemos implementar los siguientes consejos:

- Trázate objetivos sencillos y fáciles de alcanzar para empezar; así no te sentirás frustrado por intentar alcanzar metas demasiado exigentes desde un principio.
- Vincula tu hora de entrenamiento con alguna actividad que forme parte de tu rutina diaria, de manera que tu cerebro logre condicionarse pronto y te resulte menos difícil comenzar (por ejemplo, por las mañanas al levantarte, o a una hora en que te resulte motivante, como podría ser al terminar tu rutina de trabajo).
- Planea con anticipación; de esta manera tus esfuerzos ya estarán direccionados en el sentido correcto, y puedes aprovechar cada segundo al 100%.
- Puedes contratar los servicios de un entrenador personal, o simplemente guiarte por rutinas disponibles en internet.

Poner en práctica la constancia te va a generar importantes beneficios, no solo en lo que respecta al inicio o fortalecimiento de tus hábitos de incursionar en el mundo fitness, sino en cuanto a todos los aspectos de tu vida.

La constancia nos permite avanzar cuando los vientos soplan en contra. La actividad física no solo contribuye a mantener en óptimas condiciones tu parte motora, sino que acondiciona nuestro sistema nervioso y mantiene a tono nuestro funcionamiento cerebral.

Hacer ejercicio mejora la memoria, la coordinación y estimula la plasticidad neuronal, además de incrementar la creatividad.

Uno de los mayores inconvenientes en el mundo del emprendimiento es el alto índice de problemas de salud generados por problemas emocionales y el estrés. La actividad física detona una serie de procesos bioquímicos que contrarrestan los efectos nocivos del estrés en nuestro organismo.

Quizás si contemplas la actividad física más como un asunto de salud que de apariencia, te resultará más llevadera y será más sencillo para ti mantenerte constante. No todos nacimos para ser campeones olímpicos, ni para tener el cuerpo super fit, pero eso no significa que no podamos ejercitar nuestro cuerpo en la medida de nuestras capacidades.

CAPÍTULO 5
EL HÁBITO DE IGNORARTE

Conecta Contigo, ¡No Ignores quién eres!

El vivir a ciegas sin conectar con nosotros mismos es una de esas maneras de autosabotaje, que nos impide lograr lo que deseamos crear en nuestra vida. Si tomáramos más en serio el hecho de conocernos, podríamos ahorrarnos muchos dolores de cabeza al tener la claridad de nuestras capacidades y nuestros límites.

Muchas veces sentimos que los demás nos dañan deliberadamente; sin embargo, si nos conociéramos mejor sabríamos lo que nos gusta, lo que no es negociable en nuestra vida y por consecuencia, sabríamos poner límites sanos, claros y oportunos ante cualquier situación que nos lastime.

El hecho de no conocernos nos lleva a perder la noción de lo que podemos o no tolerar, y es así como terminamos haciéndonos daño, al permitir situaciones y personas en nuestra vida que no están alineadas con nosotros. Sin darnos cuenta, nos estamos siendo infieles a nosotros mismos, traicionando nuestros propios valores al anteponer los intereses de otros sobre los nuestros.

El autoconocimiento nos capacita para establecer límites saludables y continuar avanzando en la vida sin quedar atrapados en relaciones dañinas. A menudo, las soluciones a los problemas que enfrentamos se encuentran dentro de nosotros, y están relacionadas con nuestro propio entendimiento personal.

Conocernos a nosotros mismos nos permite desactivar una especie de bomba de tiempo emocional que llevamos con nosotros. Necesitamos aprender a abogar por nuestros intereses y bienestar, al mismo tiempo que consideramos los de los demás, buscando soluciones beneficiosas para todos. Si no identificamos a tiempo lo que nos lastima y nos perturba, esta 'bomba' puede explotar, creando situaciones caóticas que consumen nuestro tiempo y energía para resolver el problema.

Me habría gustado no tener que aprender esto a través de mi experiencia personal, pero después de mi segundo divorcio, me di cuenta de que solía poner las necesidades de mi esposo antes que las mías. Esto no habría sido un problema si hubiera recibido la misma consideración a cambio. Sin embargo, cuando me di cuenta de esto, ya estaba perdiendo yo en esa ecuación, además de que ya estaba inmersa, pagando las consecuencias de ponerme en segundo lugar.

La vida tiene sus altibajos, nunca estaremos completamente felices ni totalmente tristes. De hecho, son nuestras dificultades las que nos permiten apreciar la verdadera felicidad y alegría. A menudo, solo sabemos que estamos en la cima cuando hemos ascendido desde abajo. A pesar de lo mal que puedas sentirte en un momento dado, siempre habrá alguien en una situación peor que la tuya, y siempre tendrás la oportunidad de ayudar a alguien más.

Es muy importante tener claros conceptos y definiciones personales para entender mejor la manera en que funcionamos. Toma un momento y medita sobre lo que significan el Éxito y el Fracaso para ti. Las palabras "Fracaso" y "Éxito" son conceptos relativos; esto significa que cada uno debe decidir qué significado darles, pero esto solo es posible cuando nos conocemos en profundidad.

Los obstáculos nos muestran la pasión con la que podemos luchar por lo que queremos.

En los Talleres de Transformación Cuántica, aprendí un juego sencillo que quiero compartir contigo. Se trata de elegir un número del 10 al 100, en múltiplos de 10, con el que te sientas identificado. Por ejemplo, 10 sería el número más bajo y 100 el más alto.

Ahora, te invito a hacer este ejercicio juntos. Antes de elegir tu número, reflexiona sobre diversos aspectos de tu vida. Piensa en tus habilidades, tu personalidad, tus logros y tus relaciones personales. Considera tu carrera y si estás haciendo el trabajo que realmente deseas. Reflexiona sobre tu vida espiritual y tu situación financiera, entre otros aspectos importantes.

Una vez que hayas reflexionado sobre todos estos aspectos, elige un número. Este número representará, desde tu perspectiva personal, quién eres en este momento y lo que eres capaz de dar. También reflejará todo lo que sientes que te falta por lograr y mejorar.

Por ejemplo, yo me identifico con el número 75 en este momento. Esto significa que he superado desafíos significativos en mi vida, como divorcios, pérdidas económicas y materiales, así como la pérdida de relaciones importantes. A pesar de enfrentar momentos difíciles en los que me he sentido derrotada, sola y vacía, sigo adelante. Reconozco que aún tengo mucho por lograr, pero abrazo mi número 75 y no me exijo llegar al 100 de la noche a la mañana, porque entiendo que siempre hay espacio para crecer y mejorar.

El número que falta para llegar a 100 representa todo lo que aún nos falta, justamente, por aprender, corregir y mejorar. En mi caso, me falta un 25 para sentir que he alcanzado mi máximo potencial. A pesar de eso, valoro mucho lo que he tenido que superar para llegar a mi 75, y lo celebro con orgullo, satisfacción y felicidad.

Este juego tiene un propósito importante: al abrazar nuestro número, aceptamos quiénes somos y lo que hemos logrado hasta ahora. Es un ejercicio de autoevaluación que nos lleva al autoconocimiento y al reconocimiento de nuestros logros. Quizás hoy te veas como un 50, un 60, un 70, o tal vez un 80, según tu honesta evaluación personal, pero recuerda que todos empezamos en 10 y hemos avanzado desde ahí. ¡Celebra tu número y ámate a ti mismo!

NO TE COMPARES

A menudo, nos menospreciamos al compararnos con los demás. A veces, somos demasiado críticos con nosotros mismos. Cuando nos comparamos con los demás, no nos damos cuenta de que dañamos nuestra autoimagen y socavamos nuestra creencia en lo que podemos lograr. Esta falta de confianza puede obstaculizar la realización de nuestros sueños. Nuestra tarea principal es creer en nuestro propio potencial, buscar lo que deseamos para nuestras vidas y disfrutar del viaje sin rendirnos. Repite en tu mente todos los días: ¡Creo en mí!

Somos Únicos y Debemos Mostrar Nuestra Originalidad.

Nuestro entorno debe inspirarnos, no influirnos a tal grado de perder nuestra esencia. Observemos para conocernos mejor y comprender nuestro mundo interior. A menudo, nuestras luchas internas provienen de no entendernos bien, influenciados por lo que vemos en otros.

Mientras más nos entendemos, más capaces podemos ser de valorar las opiniones externas, quedándonos con lo que nos funciona y dejando de lado lo que en su momento no aplica. Con esta postura podemos lograr una estabilidad emocional valiosa. Desde la ventana del autoconocimiento, identificamos fortalezas, debilidades, valores y miedos, aprovechando lo bueno y superando los obstáculos para alcanzar nuestros sueños y metas.

El Autoconocimiento es Atenderte, Entenderte y es la Clave de la Confianza Personal.

Conocernos mejor facilita nuestras decisiones y proyectos alineados con nuestros valores. Mejora nuestra relación con los demás y aumenta nuestro respeto mutuo. En el ámbito laboral, los líderes eficaces comprenden a su equipo tanto personal como profesionalmente. Valorarnos nos hace ser influencias positivas en proyectos laborales y de vida.

Por otro lado, la empatía en tu entorno personal o de trabajo contribuye a generar un sentido más alineado con tus valores o los de tu empresa. Me gusta pensar que el mundo es una empresa gigante, la más grande de todas, y que el éxito común depende del esfuerzo de todos y cada uno de nosotros, enfocándonos en la misma dirección y buscando nuestra felicidad individual, el progreso personal y el colectivo.

Cada día se valora más la capacidad de comunicación y de trabajo en equipo en el entorno empresarial; la idea de la competencia ha ido quedando obsoleta, como parte de un esquema ya anticuado. Se ha comprobado que juntos somos más, y esta verdad se ha convertido en un lema para las tendencias gerenciales en la actualidad.

Incluso, no solo se promueve la integración entre miembros de una misma área, sino también se considera de alto valor el trabajo interdisciplinario, pues lo que se procura es el desarrollo de los proyectos desde la visión más inclusiva posible.

"El talento gana partidos, pero el trabajo en equipo gana campeonatos". Michael Jordan

La tendencia natural del ser humano es a cooperar con sus semejantes; gracias a esa capacidad es que hemos logrado sobrevivir y avanzar a lo largo de los siglos como humanidad.

Todos sabemos sobre guerras y conflictos, y en ocasiones poco se sabe de las personas que se han mantenido fieles a la paz, cultivando los valores humanos de la cooperación, la solidaridad y el compromiso.

El trabajo en equipo nos enseña a respetar y valorar las diferencias, entendiendo que nuestra diversidad se complementa. Lo que nos hace valiosos es precisamente el atrevernos a ser nosotros mismos. No necesitas parecerte a nadie más para triunfar.

Conócete y Crea la Felicidad, ¡No la Persigas!

Quizás algunos puedan pensar que la felicidad es un tipo de brebaje mágico que pueden tomar y sentir sus efectos de inmediato. Pero... ¿a qué nos referimos exactamente con "ser felices"? ¿Qué es para ti la felicidad? Te invito a meditar por unos minutos, deja de leer un momento y piensa, ¿eres feliz dónde estás en este momento? ¿Estás feliz con quien estás? ¿te sientes feliz en lo que te dedicas?

Reflexiona en tu estado presente actual. Reflexiona en las palabras que usas y en tu diálogo interno. Un gran porcentaje de los problemas en nuestra vida están en el lenguaje que usamos. Muchas veces no nos damos cuenta de cómo manejamos los términos, las palabras, las frases y quizás no captamos que algunas veces no las manejamos a nuestro favor.

Tomemos como punto de partida estas preguntas y vamos a reflexionar nuevamente:

¿Qué es la felicidad? ¿Qué pensamos sobre ella? Analiza tus respuestas y crea un plan. "PON UN ALTO" a todo lo que no te funciona y define lo que quieres ver en tu vida. Cada uno tendrá sus propias respuestas con relación a lo que considere que es la felicidad; sin embargo, podemos coincidir en un punto importante:

La Felicidad es la Decisión de Disfrutar de la Vida Tal y Como Es

Se trata de aceptar con calma lo más adverso y estar dispuestos a aprender de cada experiencia; no ayuda de nada estrujarnos las manos mientras nos atormentan nuestros pensamientos negativos; la idea es mantener la calma, sin importar lo que pase en el exterior.

Ser felices es un hábito que podemos practicar en cualquier dimensión de nuestra vida. Ser feliz es mucho más que mostrar una sonrisa. Para algunas personas es casi imposible considerarse felices, debido a su temperamento y su carácter; sin embargo, si vemos la felicidad como el resultado de un compromiso que establecemos con nosotros mismos, es más factible sentirla al alcance de la mano, aun cuando sabemos que se trata de una decisión plagada de dificultades.

Es muy común confundir la felicidad con la alegría, pero en realidad son dos cosas distintas: La alegría es una satisfacción pasajera ante un evento particular, y se mide en expresiones y sonrisas que surgen de forma espontánea ante los acontecimientos; puede durar más o menos tiempo, pero siempre termina evaporándose, por lo que es efímera.

En cambio, la felicidad está enlazada con nuestras decisiones, y nos envuelve en un estado de calma y paz que no se altera fácilmente ni depende de ningún factor externo, por lo que es permanente. La felicidad no se mide ni por el número ni por la intensidad de nuestras expresiones, sino por la calma y la gratitud que seamos capaces de experimentar ante cualquier circunstancia. Podría decir que es el estado de ánimo de la persona que se siente plenamente satisfecha por gozar de lo que desea o por disfrutar de algo bueno.

La Biblia nos dice que la felicidad es una forma de vivir, un camino que decidimos transitar sin importar los accidentes que encontremos a nuestro paso. La felicidad puede traer o no alegría, pero siempre llevará consigo calma y bienestar.

Al Apreciarnos y Ponernos en Prioridad, Podemos Sentirnos Agradecidos con Nuestros Maestros de Vida

Es importante notar que todo a nuestro alrededor es una fuente de información que nos conduce a un mayor autoconocimiento. Según la teoría de los espejos, aprendemos que siempre podemos ver reflejado en los demás algo referente a nosotros mismos;

de esa manera, todos nos convertimos en maestros los unos de los otros, y podemos ayudarnos a comprender eso que necesitamos de nuestra experiencia interactuando con los demás, para ser mejores.

Si bien aprender de los demás es valioso, es bueno cuidar que su opinión no redefina por completo nuestra percepción. Valorarnos y conocernos nos ayuda a tomar las lecciones que otros nos ofrecen para fortalecernos como individuos independientes y seguros. Es valioso aprender de los demás, pero debemos preservar nuestra individualidad y autoestima. Aprender de otros no implica ceder el control de nuestras vidas ni dejar que sus opiniones definan nuestra realidad.

Debemos Conocernos Mejor que Nadie

Nadie debería imponer su forma de definir lo que es la felicidad, el éxito o el fracaso, porque son conceptos absolutamente relativos y personales, cuya interpretación varía de un individuo a otro. Lo que para algunos puede ser un éxito, quizás para otros sea un rotundo fracaso.

Perseguir metas y objetivos que no nos pertenecen equivale a ser infieles con nosotros mismos; de allí la importancia de conocernos lo suficiente para saber cuáles son nuestros verdaderos anhelos.

Para lograr tener éxito en nuestra vida, es muy importante comprender que la felicidad representa otro importante motor para lograr nuestros propósitos y proyectos; por ello es esencial asumirla con determinación, pero para lograrlo, necesitamos hacer un voto de mantener la decisión de estar satisfechos con nuestra realidad, sea cual sea.

Ir aceptando nuestra realidad e ir cambiando conforme vamos transitando el camino, nos permitirá sentirnos satisfechos, alegres y felices, aun mucho antes de lograr cumplir nuestros objetivos o llegar a la meta. Recordemos que la vida es corta y nuestra misión es vivirla intensamente, en agradecimiento y disfrutando en quienes nos estamos convirtiendo durante nuestro viaje por la vida.

El hecho de vivir según el criterio de otros y enfocados en factores externos a nosotros, nos lleva a no valorar nuestras bendiciones, ni a las personas leales que podamos tener a nuestro alrededor. He aprendido que todo se puede enmendar; porque mientras haya vida, hay esperanza.

¿Alguna vez te has preguntado qué sentido tiene la vida para ti y qué estás haciendo con ella? Si ya lo has hecho, te invito a reflexionar nuevamente al respecto, recuerda que el objetivo de este libro es tener una charla profunda donde podamos reflexionar a profundidad con nosotros mismos, para conectar o reconectar con nuestra verdadera misión y propósito de vida.

Si deseamos de todo corazón ver nuestros sueños hechos realidad, así como obtener resultados y alcanzar un siguiente nivel en la vida, también necesitamos la habilidad de reconocer lo que NO debemos hacer para tener éxito. Por tanto, la reflexión constante es esencial para aclarar nuestros pensamientos, definir con precisión lo que queremos, lo que no queremos y hacia dónde queremos llegar.

La Reflexión que nos Lleva a la Acción Masiva, es la Puerta que Nos Conduce a Obtener Resultados

Tener metas y proyectos bien trazados pueden brindarle un fundamento y un rumbo a nuestra existencia; nuestro norte siempre será avanzar hacia ese punto de nuestro interés, y así siempre tendremos una razón para sentir que nuestra vida tiene sentido.

Vivimos para ser felices, para ser una buena influencia para los demás y dejar huella a nuestro paso. Eso dista mucho de vivir para buscar satisfacer a los demás; por tanto, no ignores tus instintos, obedece tus propias señales y avanza en esa dirección. Aunque otros te digan lo contrario, evalúa las opiniones, pero respeta tu esencia y ese deseo que está en tu corazón. Identifica muy bien aquello que te apasiona, lucha por ello y aprende a tolerar el lado negativo de eso que tanto amas; solo así podrás perseverar en conseguirlo.

Aprende del Fracaso, ¡No Huyas de Él!

En la cultura del éxito la palabra fracaso es justamente lo opuesto. Por tanto, desde el punto de vista de la ambivalencia del éxito y el fracaso, deberíamos entender que éxito es triunfar y fracaso es perder. Ahora te pregunto a ti, crees que, ¿Es posible ver el lado positivo del fracaso? ¿Podemos lograr algo a través de él, aun cuando es interpretado como una tragedia para la mayoría de las personas?

A veces, se habla mucho de éxito en el emprendimiento, de cómo determinadas personas triunfan y de qué han hecho para triunfar. Sin embargo, otras veces, se habla de la importancia del fracaso como lección de superación y como forma de aprender a seguir adelante.

Thomas Alva Edison fue el científico norteamericano que diseñó la bombilla eléctrica y uno de los ejemplos más claros de alguien que aprendió del fracaso. Pero no solo consiguió algo excelente, sino que nos dio una lección de paciencia y perseverancia. Entre los años 1878 y 1880, Edison trabajó en al menos 300 teorías para desarrollar la bombilla eléctrica.

La primera bombilla que fabricó brilló solo unas horas, pero Edison quería que permaneciera encendida todo el tiempo que fuera necesario. Edison probó cientos de materiales para hacer el filamento de la bombilla, y una y otra vez se quemaban tras unas horas.

Finalmente, en el año 1880 logró fabricar una bombilla de 16 watts que duraba encendida hasta 1500 horas.

Edison decía: "**No fracasé, sólo descubrí 999 maneras de cómo NO hacer una bombilla**".

Por lo tanto, Edison no fue solo un inventor o un científico, sino que nos enseñó lo que es la **perseverancia** y la fuerza de voluntad que hay que tener cuando se persigue un objetivo y cómo es que realmente se puede aprender de los fracasos para llegar al éxito.

En lo que se entiende por fracaso influye mucho la cultura de cada país. Hay países donde el fracaso está mal considerado, sin embargo, hay países **donde fracasar se ve como una experiencia necesaria y enriquecedora.**

En realidad, no es que se aprenda solo del éxito o del fracaso en sí mismos, sino que se aprende de la experiencia, del camino que recorremos cada día para alcanzar un objetivo personal, profesional, un sueño o una meta.

El fracaso enseña la humildad necesaria para

darnos cuenta de que el éxito no es eterno, por lo que es necesario ser realistas. Del fracaso se aprenden los errores que no se han de repetir. El éxito enseña el resultado y la recompensa de lo que es el trabajo duro, la constancia que se esconde detrás del esfuerzo de cada día, que nada es fruto de la suerte o de la casualidad. Nos muestra los aciertos que hemos tenido en nuestro camino y que no debemos olvidar.

Sin duda, la expectativa por los resultados puede convertirse en una presión abrumadora que, en ocasiones, nos paraliza, impidiéndonos aprovechar oportunidades prometedoras por miedo al fracaso.

Es por ello por lo que es crucial que adoptemos la capacidad de ver una derrota, pérdida o fracaso, como una parte importante de nuestro proceso de aprendizaje, seguramente será más sencillo atrevernos a dar el paso y asumir riesgos, sabiendo que NUNCA perdemos y SIEMPRE ganamos.

El Éxito y el Fracaso se Complementan el Uno al Otro, Como las Caras de una Misma Moneda

Los grandes emprendedores han fracasado siempre, pero siempre se levantan y luchan hasta conseguir lo que se han propuesto; esta actitud demuestra perseverancia y tenacidad, dos cualidades necesarias para encontrar los tesoros que se ocultan detrás de los conflictos y que nos permiten continuar creciendo.

Drew Houston, el cofundador y CEO de Dropbox, dijo una vez:

"No temas fracasar, porque solo necesitas acertar una vez".

Fracasar forma parte de la libertad y de nuestro continuo proceso de autoconocimiento: siempre podemos renacer de las cenizas, reunir el coraje que se necesita para intentar todo de nuevo, quizás ahora mejor posicionados, partiendo de un ángulo de visión más refinado.

Es clave no malinterpretar el fracaso. Debemos descubrir lo que funciona, lo que no, y especialmente, lo que debemos evitar para tener éxito. Aunque nadie busca el fracaso, las personas exitosas siempre están listas para aprender de sus experiencias, lo que explica su perseverancia y disciplina.

Si buscamos evitar el fracaso, estamos condenados a fracasar. Lo importante es aprender de las lecciones aprendidas, y no ver el fracaso desde su definición literal, sino más bien como eso que necesitábamos aprender para saber por dónde caminar y por donde no.

Solo Sabiendo lo que NO funciona, Podemos Encontrar lo que Sí Funciona.

Enfrenta la vida con valor y pon en práctica tu creatividad, usa tus dones y talentos y sumérgete en tu vida para pulirte como el oro en las manos del alfarero. Vencer los fracasos es también un propósito de vida.

Alejemos la idea de que el fracaso no va a llegar, aceptémoslo como parte del proceso y preparémonos para recibirlo como lo que es: una gran lección de vida, una parte importante del entrenamiento que necesitamos recibir para acercarnos a donde queremos llegar.

Los fracasos totales no existen, ni son el fin del mundo. Aprendamos de ellos para poder crecer; modifiquemos nuestra perspectiva, pues el fracaso redunda en conocimiento. Todo eso que no sale "bien" o como lo esperábamos, nos revelan nuevas alternativas, caminos insospechados e increíbles soluciones.

Quien pretenda negar el fracaso, perderá una oportunidad muy valiosa de recibir grandes lecciones para su crecimiento personal, profesional e incluso espiritual. Aceptemos el fallar como parte de nuestra naturaleza humana, y como un valioso entrenamiento de vida. Los fracasos no suponen cambios drásticos ni revoluciones; cuando fallamos, significa que necesitamos un cambio parcial, no el abandono entero de nuestros proyectos.

El fracaso es uno de los motores que pueden impulsarnos para triunfar, pero debemos mantener la pasión y la constancia; ningún éxito después de alcanzado se mantiene por fuerza propia. No importa cuánto te hayas sacrificado para alcanzarlo; igualmente tendrás que trabajar mucho para mantenerlo.

Empeñarse en ver el vaso medio vacío, agrega más obstáculos a tu camino. Quien solo se fija en lo negativo tendrá dificultades para ver los atajos y los nuevos caminos, y se priva de recibir la sabiduría que se adquiere con algunos resultados adversos. En cambio, quien se arma de valor y afronta la adversidad, con pensamientos positivos y siempre esperando lo mejor, estará preparado por si algo falla, observa donde falló, corrige y sigue adelante para seguir aprendiendo.

No Temas al Fracaso, Teme al Miedo de no Intentarlo Para no Fracasar

¿Tienes miedo al fracaso? Mejor teme a no intentarlo para no fallar ¡Eso sí da miedo! Dependiendo de cómo lo abordemos, el que algo nos arroje resultados diferentes a los que esperábamos puede convertirse en una gran fuente de información, de la que aprendemos valiosas lecciones, que nos aportan sabiduría para nuestro desarrollo personal.

Encuentro absolutamente interesante y motivador el hecho de que el éxito se nutra de las fallas, pues muchos caemos en la trampa de proyectar o emprender algo pretendiendo lograrlo sin que nada salga mal. Como le he mencionado antes, el temor a no tener éxito puede paralizarnos, impidiéndonos iniciar o progresar en cualquier emprendimiento.

De casualidad ¿no eres tú de las personas que tienes por ahí producto guardado que no has terminado de vender? Si es así, este es el momento donde puedes crear un plan para retomar y por lo menos cerrar ese ciclo, para enseñarte a ti mismo que no dejas nada a la mitad.

Muchas veces nos sentimos fracasados, porque las personas en nuestro entorno piensan que lo somos, simplemente por no vernos financieramente libres de la noche a la mañana. Quizás tu seas de los que ha intentado varios negocios y las personas cercanas a ti te voltean a ver medio raro cuando te ven con tu nueva mochila de productos.

Si tú no eres de esos, está bien, pero yo te lo hablo desde mi propia experiencia, por lo que entiendo muy bien a quienes ya reconocen esa mirada acosadora que nos hace sentir pequeños, cuando queremos emprender un nuevo negocio.

Hay veces en las que nos trazamos objetivos demasiado ambiguos, por ejemplo "quiero tener más clientes" pero no definimos bien ese objetivo, no lo cuantificamos, por lo que es probable que sintamos que hemos fracasado una vez transcurrido un tiempo. Por lo tanto, es necesario definir la fecha en la que vamos a lograr ese objetivo y los clientes que vamos a conseguir para tener una meta clara y poder dar los pasos adecuados para conseguirla.

La ansiedad por triunfar y tener éxito puede sabotear nuestros proyectos y dañar la confianza hacia nosotros mismos; por eso es muy importante que salgas de este capítulo con la claridad de que los fracasos NO existen. Todo lo que no sale bien es parte de nuestra valiosa experiencia y como dijo Thomas Alva Edison, a veces tenemos que aprender las 999 formas de no hacer algo, y eso está bien. Solo procura ir tomando nota, aprender de las experiencias y lo más importante CORREGIR.

El fracaso y los errores abundan en el camino del emprendimiento. Fracasar puede afectar nuestra fe y autoestima únicamente dependiendo de nuestra interpretación.

Está demostrado que aquellas personas que no temen fallar están más abiertas al aprendizaje y, por ende, más orientadas al éxito. Fracasar es aprender. Cuando aprendimos a caminar nos caímos varias veces antes de aprender a conservar el equilibrio, por lo que me parece muy valioso poner especial atención a la palabra "APRENDER". Mucho siguen equivocándose una y otra vez, tropezando muchas veces con la misma piedra. Por supuesto que tampoco queremos caer a ese bache.

Tomemos acción en lo que deseamos ver suceder en nuestras vidas, enfrentemos los desafíos, aprendamos de los errores y sigamos avanzando.

CAPÍTULO 6
EL HÁBITO DE RESISTIR AL CAMBIO

Los Cambios Siempre son Buenos, ¡No los resistas!

Los cambios siempre son buenos. Todo depende siempre de cómo lo interpretas. Elige ganar, aunque pierdas. Está claro que para ser felices no solo debemos aprender a ganar, sino también a perder. Ajustarnos a los cambios que puedan surgir nos prepara para ser resilientes y proactivos. Al contrario de lo que podríamos pensar, las historias de los exitosos están repletas de personas que enfrentaron múltiples cambios y pérdidas en sus vidas. En realidad, lo que más duele no es lo que se va, o lo que no conseguimos, sino la resistencia que manifestamos por nuestra falta de práctica en aceptar el cambio, soltar, fluir y dejar ir.

Es normal sentirse decaído o afectado por fallar, perder o no conseguir algo que deseábamos. Hay un dicho que dice que "si no era para ti, no era para ti", así de simple; quizás teníamos todas nuestras esperanzas puestas en un único resultado que no se dio, causándonos una sensación de pérdida debido a nuestras expectativas.

Perder puede resultar muy doloroso dependiendo de la manera en que lo interpretamos, o del significado que tenga para nosotros.

El tratar de hacernos de la vista gorda y buscar reprimir esas emociones, puede resultar en un remedio peor que la enfermedad, ya que puede incrementar nuestro nivel de estrés al callar nuestra voz interna. A la larga esto puede llegar a afectar nuestra salud física, mental y emocional, por eso lo mejor es aceptar las cosas que no podemos cambiar.

Enfoquemos nuestra atención en buscar otras posibilidades. Recuerda que cuando una puerta se cierra, 5 se abren. Nunca faltará alguien de nuestra familia o de nuestro círculo de amigos con quienes podremos reflexionar lo sucedido y aprender de la lección o descubrir la bendición detrás de la pérdida o del cambio ocurrido.

Recuerda que Siempre se Gana, Aunque se Pierda, No Resistir es Fluir

Aceptar los cambios y aprender a fluir con ellos nos permite sentirnos más realizados, en armonía y en paz. Perder de vez en cuando es una fuente de sabiduría y crecimiento. Tener presente que las cosas no siempre ocurrirán como esperamos nos permite estar preparados para actuar siempre a la altura de las circunstancias.

Cuando algo salga mal, o no salga como lo esperabas conviene hacer la siguiente pregunta: ¿qué aprendizaje me llevo? Es importante descubrir ese regalo que siempre existe detrás de cada cosa que pasa, pero nuestro trabajo es encontrarlo. Te prometo que siempre hay una bendición en cada adversidad. Siempre hay un regalo que se recibe por no resistir el cambio.

Cuando nos Hacemos Preguntas, Empezamos a Encontrar Respuestas

Cuando encontramos respuestas empezamos a tener información valiosa que nos permite entendernos a nosotros y a lo que nos rodea. Reflexiona sobre ¿Qué cosas deberías cambiar para que la próxima vez todo salga mejor? ¿Qué logros te hacen sentir orgulloso de ti mismo, por pequeños que sean?

Reflexionar en torno a estas interrogantes, nos va a permitir pasar a la siguiente página por medio del aprendizaje. Cuando perdemos, cuando algo no sale bien, o cuando hay cambios inesperados, la reacción de algunas personas es de sentir que están destinados a cometer errores una y otra vez; a otros les atacan pensamientos fatalistas del tipo de: "Todo me sale mal"; "No soy bueno para esto" o "¿por qué a mí?".

No sé si a ti te pase eso a menudo, pero si es el caso, debes saber que es un programa mental que tú puedes cambiar. Las palabras nos definen de acuerdo con el uso que les demos. Acepta si te equivocaste en algo, enmienda, pide perdón, o perdona.

El arte de fluir en medio de los retos nos permite moldear nuestra mentalidad y cambiar programas que no nos funcionan para seguir caminando hacia adelante.

Henry Ford dijo, "Si dices que puedes tienes razón, y si dices que no puedes, también tienes razón"

Saber soltar, dejar ir o encontrar formas de manejar las pérdidas o los duelos, nos ayuda a crecer y a madurar. Un buen perdedor nunca se considera a sí mismo un perdedor, y, por el contrario, con el pasar de las experiencias demuestra sabiduría, porque quien sabe perder, nunca pierde.

Necesitamos comprender que somos un compendio de derrotas y victorias en un mismo cuerpo; solo así podremos superar el temor de estar destinados al fracaso. En este sentido, podemos tomar como referencia las historias de grandes personajes exitosos, quienes fueron catalogados como perdedores antes de llegar a la cima, y finalmente triunfaron porque no permitieron que tal sentimiento se arraigara en ellos.

Al igual que ser feliz, sentirse agobiado por el cambio es también una decisión. Hemos crecido en el seno de una familia y una sociedad que nos han enseñado a sentirnos mal por los fracasos y a verlos como una especie de enemigo del éxito, al punto de que ni siquiera es considerado como una posibilidad en los procesos de la vida.

Desde que estudiábamos para un examen escolar, hasta en los momentos en que nos preparamos para una entrevista laboral, se nos ha enseñado que el éxito lleva inevitablemente a la felicidad y que fallar nos convierte en perdedores, nos duele y nos tumba.

Es hora de aprender que estas son simplemente creencias limitantes que hemos asimilado de nuestro entorno. Cuando aprendemos a interpretar la vida desde un ángulo distinto, se aprende a superar las adversidades, los fracasos se convierten en cicatrices, y ellas son la evidencia de que nos estamos convirtiendo en seres más fuertes y resilientes.

La felicidad está vinculada a la satisfacción que tengamos de ser nosotros mismos. Si fallamos, es precisamente porque estamos haciendo el intento, y cuantos más fallos tengamos, más cerca estaremos de lograr nuestro objetivo. Pensar de esta forma nos ayuda a perseverar, comprendiendo los fracasos como eventos parciales, verdaderas fuentes de información y sabiduría. Esto es lo que significa ser un verdadero ganador.

Hemos vivido en un entorno donde hemos aprendido a sentir la necesidad de ser aprobados por los demás. El sentido de la competencia, como una demostración de que hay un ganador y un perdedor, nos lleva a sentir que los segundos lugares son malos. En nuestro bello mundo todo será de la forma en la que cada uno lo formemos. Cuando vemos a los demás como rivales, entraremos en una competencia interminable en la cual la meta es vencer o sobrepasar a esa persona, ya sea que se trate de un amigo, un hermano, un vecino, un compañero de trabajo, etc.

En cambio, en la teoría de la autoexigencia, de la automotivación personal, se trata de enfocarnos en nosotros mismos, y podemos ayudarnos los unos a los otros a perseverar en aquellos momentos en los que podemos sucumbir a las tentaciones que nos incitan a abandonar la misión.

Una mente autoexigente es esa voz que te dice: "¡Debes seguir adelante! ¡No lo abandones! ¡Estás a punto de lograrlo! Sin embargo, nuestro ego trata de protegernos y puede llegar a ser nuestro verdadero rival; el único a quien tenemos que superar. Tener esta conciencia puede ayudarnos a evitar caer en absurdas comparaciones con otras personas, las cuales solo harán que nos sintamos frustrados, viviendo en una competencia constante con el exterior.

Hay un dicho que dice que "No somos monedas de oro para caerle bien a todo el mundo", y muchas veces podemos encontrarnos con personas, hermanos de la iglesia o incluso familiares, que muestran envidia, celos y nos juzgan o nos critican. Si a eso le sumamos que algo no nos salga bien, y ellos se enteran, podemos llegar a sentirnos agobiados por tener sobre nosotros el peso de la crítica, el juicio y la vergüenza.

En tales situaciones, lo más importante es no perder de vista que la opinión propia es la que cuenta al final. En realidad, debemos aprender a reconocer que los demás deben cargar con sus propios fracasos y vivir sus propios procesos y nosotros cargaremos y viviremos el nuestro.

Tratar de escuchar a todo el mundo nos bloqueará; no olvidemos que fracasar, perder, o vivir cambios es parte de la vida del ser humano. Cuanto más jóvenes seamos, mayor es nuestro derecho a fracasar. La gran dicha de la juventud es la de fracasar sin culpa, y por ello es la etapa en la que más aprendemos los seres humanos. Errar forma parte de la vida; intentar evitarlo sería como dejar de vivir.

¡Construyamos una nueva perspectiva; arriesguémonos a asumir un nuevo punto de vista!

Finge Hasta Que lo Consigas

Cuando apliques la estrategia del "Fake it until you make it" (simularlo hasta que lo logres), asegúrate de que la parte de "make it" (lograrlo) esté siempre presente, al igual que el punto al final de una oración. Esto significa que debes esforzarte por pasar de la simulación inicial a la verdadera consecución de tus objetivos.

Esta conocida expresión anglosajona ha sido una de las claves para el emprendimiento en las últimas décadas; generalmente se usa para invocar aquellos aspectos deseables pero ausentes al momento de iniciar un proyecto, con la esperanza de que, al pretender tenerlas, vayan apareciendo poco a poco.

El sentido de esta práctica se enfoca en visualizar y proyectar nuestros éxitos antes de alcanzarlos; sin embargo, el límite entre "fingir hasta que lo consigas" radica en entender que pretender que somos quienes decimos ser, implica trabajo y preparación. Tiene su valor el pretender ser alguien que aún no somos, para practicar que lo somos hasta que lo lleguemos a conseguir. Y aunque sonó a un trabalenguas, yo sé que esto es totalmente posible con unos elementos que deben estar incluidos en la fórmula los cuales son: la consistencia, el enfoque, el compromiso y la disciplina.

El único riesgo que existe es el de caer en la máscara por mucho tiempo, y no lograr nuestra verdadera transformación por falta de enfoque, visión y motivación.

Es por eso por lo que es imprescindible que conectemos con nosotros mismos y pasemos por ese proceso básico de reconocer nuestros dones y talentos, estar claros en lo que nos gusta y amaríamos hacer aun sin que nos pagaran, para elegir una actividad con la que podamos comprometernos.

Tener razones bien concretas y claras para fingir puede conducirnos a un cambio positivo, pero si realizas esta simulación del éxito de forma equivocada, puede terminar afectando tu credibilidad y tu transparencia ante los demás.

Es válido fingir para convencerte de los resultados antes de obtenerlos; lo importante es saber en qué circunstancias hacerlo. Querer fingir comportamientos está bien, si es una actividad que realizamos con honestidad y desde la verdadera convicción que es algo que deseas aprender.

Es importante prepararnos, estudiar y practicar para que pronto alcancemos un nivel de competencia en aquello que elegimos hacer. Adquirir hábitos que nos favorezcan en esta etapa de entrenamiento es básico y fundamental. Tener previamente identificados esos hábitos, nos permite cambiar intencionalmente nuestro comportamiento habitual, con el objetivo de que se vuelva natural en el tiempo, de forma que tarde o temprano podamos lograr la tan deseada transición. Cuando somos buenos en soltar lo que no nos funciona, podemos fluir de mejor manera en el desarrollo de las habilidades que requerimos para ir avanzando en el cumplimiento de nuestras metas y de nuestros sueños.

A continuación, te expongo un par de ejemplos que muestran cómo este acto de fingir puede funcionar a nuestro favor:

- En la medida que va creciendo nuestro negocio o empresa, es muy probable que en algún momento tengamos que hacer la presentación de nuestra idea en una sala llena de gente, o tal vez requerimos hacer videos en vivo para conectar con nuestra audiencia en nuestras redes sociales.

Aunque conozcamos el material y manejemos muy bien la información, si no nos sentimos naturalmente seguros, podemos experimentar los síntomas del miedo escénico, incluso con horas de anticipación. Para superarlo, tenemos que enfrentarlo y hacer la presentación de todos modos. Optamos entonces por avanzar a pesar del miedo;

así transformamos ese pánico escénico en la práctica de la seguridad que necesitamos desarrollar e implementar en el día a día.

- Para quienes no son extrovertidos por naturaleza, la idea de hablar y comunicarse con gente nueva puede ser aterradora; Sin embargo, tal comportamiento puede generarles muchos inconvenientes sociales; es entonces cuando estas personas encuentran que, si se obligan a cambiar, pueden iniciar actuando de un modo diferente, aunque les resulte un reto al principio.

Tal vez comiencen con conversaciones forzadas y falsas sonrisas, pero con el tiempo, tales comportamientos terminan haciéndose habituales en su rutina, sobreponiéndose a sus antiguos hábitos. Todo esto no será efectivo de inmediato, pero sí lo será con el tiempo.

Veamos ahora, ¿cuándo no estaría bien fingir? La respuesta es: cuando aquello que queremos hacer habitual y natural, sobrepasa por mucho nuestras habilidades y capacidades básicas, o si estamos dando falsas promesas a nuestros clientes.

No sería éticamente correcto decirle a un cliente potencial que tu producto le va a resolver el problema, si en verdad sabes que no lo va a hacer. La mentira llega hasta donde la verdad aparece. No mintamos sobre nuestras capacidades, ni sobre las capacidades de nuestro producto o nuestra empresa.

Si mentimos a los demás y somos descubiertos, veremos derrumbarse nuestra credibilidad y autoestima. Si se tiene un gran deseo de cambio, la convicción que genera el creer en algo que todavía no ocurre, nos dará el poder de llegar a donde queremos llegar. Con disciplina, compromiso, consistencia y perseverancia, los efectos del hábito entrarán en acción.

Deshazte de tus Hábitos Negativos, No los Conserves

Para lograr tener éxito en nuestra vida, es muy importante no conservar los hábitos que nos juegan en contra. Cuando sabemos que hay algo que debemos cambiar, e incluso llegamos a sentir vergüenza de nuestra situación o de algo que estamos haciendo que no es correcto, ya sean nuestra manera de gastar el dinero, tabaquismo, alcoholismo, o algunas situaciones a nivel sentimental que sabemos que no nos suman, o no son correctas, o tal vez a nivel laboral o de cualquier otra índole, uno de los métodos de supervivencia del subconsciente es rodearse de personas quienes, de alguna manera, están inmersos en lo mismo o son afines a las mismas prácticas; de esa forma, nuestros problemas o malas decisiones se verán falsamente disminuidos y encubiertos.

Esta situación nos introduce en un círculo vicioso, pues al involucrarnos con personas llenas de problemas, igual que los que tenemos nosotros, solo logramos alargar el tiempo en la práctica de esas conductas o hábitos que no suman a nuestra vida.

Es parte del proceso del desarrollo humano el aprender a manejar nuestro potencial emocional; Necesitamos aprender a manejar nuestros sentimientos y emociones, autoestima y ansiedad, para saber qué factores debemos procurar y cuáles debemos evitar.

Procuremos una "Buena Salud" Mental.

Para evitar quedar atrapados en la resistencia al cambio, es fundamental cuidar de nuestra salud mental. Esto implica sentirnos a gusto con nuestra propia identidad, sin inseguridades ni ansiedades. Observar nuestro interior sin apuros nos ayuda a descubrir quiénes somos realmente.

Dentro de nosotros, debemos buscar lo mejor. En la era de la comunicación digital, la autenticidad se ha vuelto un tema esencial. Las redes sociales a menudo fomentan una imagen distorsionada de la realidad. No debemos creer ciegamente en todo lo que vemos en pantalla, ya que esto puede generarnos vulnerabilidad e inseguridad. Para fortalecernos, es crucial afirmar nuestra verdadera esencia y sentirnos seguros y felices siendo nosotros mismos.

Cada individuo tiene un propósito innato. Celebrar nuestros logros los convierte en eventos significativos para nosotros y los que nos rodean. La celebración no debe ser un acto de vanidad, sino una forma de reconocer y aceptar nuestras cualidades y virtudes. Debemos seleccionar cuidadosamente nuestras compañías, es importante detectar la influencia de personas negativas que drenen nuestra energía y generen caos en nuestras vidas.

Los verdaderos amigos comparten nuestras derrotas y celebran nuestros éxitos. Están ahí para señalar la posibilidad de cambiar de rumbo, pero nunca para animarnos a renunciar o para influenciarnos a hacer cosas que nos dañen o nos lastimen. Si tienes la suerte de contar con amigos así, aprecia su amistad como un tesoro invaluable.

Tiene tanto valor la relación con tus amigos, como la que mantienes contigo mismo. Aceptarte tal y como eres incluye tanto tu calidad espiritual, como tu apariencia física; cualquiera de estos dos aspectos puede mejorarse, pero no desde la falta de aceptación, sino desde la certeza de que, como ser humano, tienes el potencial de alcanzar otros niveles y siempre podemos estar en mejora continua.

Muchas personas caen en depresión por haberse descuidado a sí mismos. Aprovecha tu tiempo para atenderte y cuidar de ti; no se trata de estresarte por tener un cuerpo fitness o una magnífica figura escultural, sino de cultivar una imagen que te permita sentirte a gusto contigo mismo.

La Confianza Surge cuando uno se Acepta a sí Mismo

Practiquemos el hábito de animar a otras personas, de felicitarlas y de reconocerles sus cualidades, sobre todo aquellas que verdaderamente apreciamos. Nadie puede dar lo que no tiene; comencemos por nosotros mismos, convirtiéndonos en una fuente genuina de auto respeto, empatía, amor propio y compasión.

Al valorarnos y apreciarnos a nosotros mismos, nos liberamos de la necesidad de buscar validación y reconocimiento externo. Esta autovalidación nos brinda la capacidad de evitar apegos emocionales, facilitándonos la labor de fluir en nuestra vida sin depender en exceso de las opiniones y expectativas de los demás. Trabajemos en nuestro interior para ofrecer a los demás todo lo valioso que hemos aprendido a darnos a nosotros mismos, permitiéndonos relacionarnos de una manera más sana y equilibrada.

CAPÍTULO 7
EL HÁBITO DE DESCUIDAR NUESTRAS PALABRAS

Fíjate Cómo te Hablas...
No Descuides tus Palabras

Otro hábito que puede impedirte alcanzar el éxito en tu vida, es el hábito de descuidar tus pensamientos y palabras. La palabra es una forma de energía condensada en sonidos, por lo que cuidar lo que dices es esencial.

Tal vez has escuchado el dicho que dice: "Una imagen vale más que mil palabras". Es crucial reconocer que antes de materializar una imagen, existió en el pensamiento en forma de una idea; posteriormente, al ser materializada la idea por medio de una acción, se convirtió en una imagen. Esta imagen habla sobre la palabra que le dio origen. Por tanto, una imagen nos muestra con hechos, lo que muchas palabras no pueden negar.

Por eso es importante recordar que todo lo que sale de nuestra boca, que viene de nuestra mente, tiene también un inmenso poder creador.

Dependiendo de las circunstancias en que haya sido pronunciada, aún la expresión más insignificante puede ocasionar un daño enorme a quien la recibe. Un simple 'Si" puede dar lugar a algo dañino, al igual que un simple "No" te puede salvar de muchos contratiempos. Cada palabra guarda dentro de sí una potencia avasallante. La fuerza de la palabra es una auténtica realidad; con pocas palabras podemos causar una gran alegría o la mayor de las tristezas, y lo hemos comprobado muchas veces seguramente en nuestras vidas; aun al leer frases escritas en un libro que puede lograr conmovernos, o incluso escuchando los versos de una canción.

¿Te Han Dicho Alguna vez Insultos Demoledores que Todavía te Resuenan?

Hay personas capaces de conseguir cualquier cosa, gracias a la forma magistral y persuasiva en que usan sus palabras; también hay personas que usan las palabras para herir. Por fortuna, el poder de la palabra sirve también para decir todo lo positivo que sentimos, permitiéndonos expresar placer, amor, bondad, solidaridad, agradecimiento y consideración.

Dile a Alguien Cuánto le Amas y Todo lo que te Inspira

¿Existe algo más bello que decirle a alguien cuánto se le ama y todo lo que nos inspira, o escuchar todo eso de alguien hacia nosotros?

Desarrollar el hábito de decir palabras edificantes es una habilidad que puede enriquecer nuestras relaciones y elevar nuestro bienestar emocional. Es cuestión de enfocar nuestros esfuerzos en practicar la expresión de afecto y aprecio hacia los demás de manera consciente y sincera.

Cuando le decimos a alguien cuánto le amamos y todo lo que nos inspira, estamos fortaleciendo los lazos emocionales que nos unen a esa persona. Es un acto de generosidad y gratitud que crea un ambiente de positividad y amor en nuestras vidas. Para desarrollar este hábito, podemos empezar por ser conscientes de nuestras emociones y pensamientos hacia los seres queridos.

Una forma efectiva de llevar esto a cabo es establecer momentos específicos para expresar nuestro cariño y admiración hacia los demás. Puede ser a través de simples mensajes de texto, cartas escritas a mano o conversaciones cara a cara. La clave está en ser auténticos y específicos en nuestras palabras, destacando las cualidades y acciones que nos inspiran y fortalecen nuestra conexión.

Además, es importante recordar que este hábito no solo beneficia a los demás, sino que también tiene un impacto positivo en nosotros mismos. La gratitud y el amor expresados hacia los demás generan un sentimiento de alegría y satisfacción en nuestro interior, contribuyendo a una vida más plena y significativa.

En resumen, desarrollar el hábito de decir palabras edificantes es una inversión valiosa en nuestras relaciones y bienestar emocional. Al enfocar nuestros esfuerzos en expresar amor y aprecio de manera sincera y consciente, podemos construir conexiones más fuertes y significativas con aquellos que son importantes para nosotros y experimentar una mayor satisfacción en nuestras vidas.

En la medida en que refleja nuestro sentir, la palabra tiene mucho que ver con nuestra autenticidad. Algunos hablan mucho sin decir nada, y el ejemplo más evidente de esto son algunos políticos, quienes tarde o temprano se ven acorralados por la falta de congruencia y la discrepancia entre sus hechos y sus discursos.

El Hábito de Mentir

La palabra es un vehículo con mensajes de lo más noble o de lo más ruin de un ser humano. Este es el caso de la mentira, la cual se define como la afirmación que realiza una persona, estando plenamente consciente de que es falsa.

Dicho esto, la mentira tiene muchas caras y objetivos. Usualmente, representa un gran obstáculo, es algo que hay que reconocer e intentar evitar, y otras veces pasa a ser una opción más "viable" según las circunstancias, regularmente puede usarse para evitar el hecho de hacer daño a un ser querido o a personas allegadas. Independientemente de cómo sea, cada uno de nosotros probablemente hemos dicho alguna mentira alguna vez por más pequeña o grande que pueda ser, y estamos conscientes de que puede llegar a ser la causa de muchas consecuencias.

La mentira también puede convertirse en un atajo que algunas personas emplean para alcanzar sus objetivos, como se observa en las declaraciones y afirmaciones que podemos hacer sobre lo que deseamos ver realizado en nuestras vidas. Por esta razón, es fundamental que prestemos una atención especial a lo que expresamos como afirmaciones, ya que una parte de nuestro cerebro reconoce que son mentiras, y nuestro propósito es engañar esta parte de nuestro cerebro para evitar autosabotearnos.

La mentira puede ser constructiva y destructiva a la vez.

Una mentira es constructiva cuando nos permite anticipar una realidad posible que aún no se manifiesta, en cuyo caso debe estar dirigidas a nosotros mismos; este es el caso de lo que mencioné anteriormente como "Fake it until You Make it", "Finge hasta que lo logres".

En contraste, la mentira se vuelve sumamente perjudicial cuando difama y engaña. La difamación implica propagar información falsa sobre alguien, lo cual puede menoscabar su reputación y dañar su imagen pública. Por otro lado, el acto de engañar conlleva la creación de expectativas falsas y la promesa de resultados que simplemente no pueden cumplirse en la realidad.

Seguramente todos hemos cruzado caminos con alguien que, tiende a emitir juicios negativos sin considerar las consecuencias de sus palabras. Esta actitud crítica y destructiva puede tener un efecto en nuestras vidas y en la de quienes nos rodean, en especial si no somos conscientes de los efectos negativos de la práctica de la falsedad.

En ocasiones, conocemos a individuos que, en lugar de buscar soluciones o ver el lado positivo de las situaciones, se sumergen en una dinámica de críticas y quejas interminables. Ya sea un compañero de trabajo, un jefe, una vecina o incluso alguien de la comunidad religiosa, su enfoque parece ser encontrar fallas en todo y difundir chismes, sin importar el daño que causen a las personas involucradas.

Es fundamental reconocer que esta actitud no solo afecta a quienes la practican, sino que también puede arrastrar a quienes los rodean. La insistencia en emitir juicios negativos y quejas sin razón válida puede generar un círculo vicioso en el que nos quedamos atrapados, afectando nuestras relaciones, nuestra percepción de lo que nos rodea, nuestra autoestima y nuestro bienestar.

Por lo tanto, es crucial prestar atención a la intención detrás de nuestras palabras y reflexionar sobre cómo nuestras expresiones pueden contribuir al bienestar de nosotros y de nuestros seres queridos. Evitar caer en el hábito de la falsedad y la crítica constante nos permitirá vivir de manera más auténtica y positiva, construyendo relaciones más saludables y una visión más equilibrada de la vida.

La forma en que nos expresamos a través de las palabras afecta el concepto que tienen sobre nosotros los demás. Esa percepción tiene la capacidad de afectar nuestro comportamiento y hasta nuestro estado de ánimo. En otras palabras: si no dejas de mencionar lo agotado que estás o el estrés que tienes, terminarás más agobiado que de costumbre y sin ganas de hacer nada.

Hace muchos años, pasé por un periodo en el que no era consciente del profundo impacto que mis palabras tenían en mi propia realidad. Estaba inmersa en un matrimonio lleno de tensión y falta de respeto mutuo, una situación que claramente no nos hacía felices a ninguno de los dos, aunque en ese momento, me resultaba difícil reconocerlo. Compartía con mis amistades más cercanos las palabras hirientes que mi pareja me dirigía, pero también relataba mis respuestas, justificando mi falta de respeto hacia alguien que, desde mi perspectiva, me faltaba al respeto.

Ahora, en retrospectiva, puedo ver claramente que esta dinámica solo perpetuaba nuestro sufrimiento. Cuando nos atrapamos en un ciclo de quejas constantes y no nos enfocamos en buscar soluciones, hablar no mejora las cosas. Quiero puntualizar en este párrafo que, aunque experimenté violencia doméstica, insultos y abusos verbales, ahora reconozco que estuve siendo parte de esa dinámica destructiva. Nosotros mismos nos creamos un daño aún mayor a través de las palabras y el diálogo interno que nos atormenta en la cabeza, más que cualquier otra cosa que estemos experimentando.

El porcentaje de palabras positivas y negativas que utilizamos, al igual que las quejas, las adoraciones, alabanzas, el agradecimiento, el odio y los reproches, e incluso la severidad de todo aquello que decimos, impactan en nuestra forma de ver nuestra vida y la de quienes nos rodean. Estudios recientes en el campo de las teorías de la psicología positiva y la neurociencia demuestran la enorme repercusión del lenguaje en nuestras vidas, ya que este no solo afecta nuestra actitud para asumir el día a día, sino que influye en el motor más valioso que tenemos: nuestra salud.

¡Vigila tus Palabras y Abandona la Negatividad!

Nuestra esperanza de vida es proporcional a nuestros niveles de positivismo.

¿Alguna vez has contado las veces en que te quejas o maldices durante el día? ¿Qué opinas si te digo que tus palabras te podrían estar perjudicando?

Recuerda el gran poder que contienen, y que no solo afecta a tu entorno, sino incluso a ti mismo, sin importar si eres o no consciente de ello. Cada palabra que pronuncias viene cargada de una emotividad y una intención, y la primera persona en recibir esa carga, sea positiva o negativa, eres tú mismo.

En la actualidad contamos con diversas herramientas que nos permiten analizar nuestro lenguaje, y una de ellas es el "Sistema de Análisis de Sentimientos", el cual clasifica masivamente los documentos de acuerdo con la connotación positiva o negativa del lenguaje empleado en ellos. Entre otras cosas, este instrumento ha permitido verificar que el castellano es uno de los idiomas con mayor aura positiva en su vocabulario, así que aprovechemos y usémoslo a nuestro favor para construir y bendecir.

Quejarnos constantemente nos aleja de alcanzar una vida óptima en todos los aspectos. Si quieres comenzar a mejorar tu vida a través de tus palabras, comienza por definir tus más profundos deseos, y luego verbaliza qué necesitas hacer para lograrlos.

Lo primero es darnos cuenta del gran poder que tiene nuestro lenguaje, para luego entrenarlo y hacer que se aloje bien en nuestra consciencia. Necesitamos adquirir hábitos lingüísticos optimistas y positivos.

Dos amigos habían decidido pasar toda una temporada sin quejarse, y se propusieron a invitar a todo aquel que quisiera unírseles. Como resultado de su experimento, los expertos sugieren una serie de cambios que nos ayudarán, tanto a nivel profesional como personal. El ejercitar la tolerancia en nuestra vida al observar y cambiar palabras claves, nos permite generar otra realidad. Yo deseo exponerles aquí unos cambios sencillos:

- "Y" en lugar de "pero". En una frase del tipo:

"Quiero ir al cine, o a al teatro, o a la playa, quizás a un concierto o a una charla con mis amigas o salir con mi familia, **pero** debo estudiar, o trabajar, o atender la casa, quizás hacer una diligencia",

podemos construir la alternativa sustituyendo, "**pero**" por "**y**":

"Deseo ir a la playa **y** tengo que estudiar", buscaré acomodar mi horario

En el primer caso, usando la palabra, "**pero**", estamos creando un problema, un conflicto entre ambas ideas, dándole a nuestra mente la información de que una cosa puede anular e imposibilitar la otra.

En cambio, cuando utilizamos la conjunción "**y**", nos estamos diciendo a nosotros mismos una oración inclusiva, y automáticamente las dos acciones se vuelven posibles, de manera que nuestro único trabajo es buscar el cómo llevarlas a cabo.

Ahora usando **"Quiero"** en lugar de **"tengo que..."**

Pensemos en la expresión: "Muero de ganas de ir a la playa, o al concierto, o al cine, pero **"tengo que trabajar"**. Al hacer un sencillo intercambio de expresiones empleando **"quiero"** en lugar de **"tengo que"**, nuestra mente tendrá una mejor disposición para llevar a cabo aquello que tal vez no nos agrada, pero que es necesario.

De esta manera, el beneficio y la gratificación que vamos a sentir cuando lo hayamos concluido va a ser mucho mayor, pues la connotación de **"tener"** se vincula más con la imposición que con el placer.

El mundo es del tamaño de lo que podamos nombrar; el lenguaje es una forma de magia que nos permite hilvanar conceptos desde la dimensión abstracta de las ideas, hacia el mundo real.

Todo lo que existe, existió primero como palabra. El verbo es la evidencia de nuestra herencia creadora, y no deberíamos cometer el sacrilegio de oscurecer su origen sagrado enfocando la palabra hacia ideas negativas, dañinas, ofensivas o destructivas.

El lenguaje nos ha permitido a los seres humanos comunicar nuestro universo interior, gracias a lo cual hemos podido crecer como civilización; sólo por ello, deberíamos considerar el carácter sagrado de la palabra. Estamos inmersos en un océano verbal, en el que solo podemos navegar a través de la palabra.

La capacidad de expresarnos mediante el lenguaje nos ha permitido expandir nuestra consciencia del mundo y de nosotros mismos; recuerda que la palabra es un don preciado y la manifestación de algo mucho más complejo que ocurre antes de ser emitida, y que involucra sentimientos, pensamientos y voluntad. Úsala para construir, edificar, apoyar, animar, motivar, crear, negociar, expresar tus emociones de manera asertiva y procura que tus acciones reflejen tus palabras, y que ellas se correspondan con tus más sinceros deseos.

Dime Cómo Hablas, y te Diré Quién Eres.

Hagamos preguntas en lugar de dar órdenes: en lugar de: ¡Tienes que hacer esto!, suena mejor: ¿qué te parece si hacemos esto...?

Hablemos en positivo; una frase tan sencilla y aparentemente inofensiva como: "...Y no te olvides de...", ya incita al olvido, pues está empleando palabras y expresiones negativas. En su lugar, podemos decir "Recuerda", por ser una palabra de refuerzo positivo.

Cuidemos nuestro diálogo interno; poner atención a las palabras que usamos en nuestra mente puede significar una gran diferencia en nuestros resultados; si regularmente te encuentras diciendo que estás mal, que estás preocupado, que estás aterrado, que estás muy enojado, probablemente la vida haga que te sientas mucho peor.

Me gustaría proponerte una reflexión: ¿Qué respondes usualmente cuando la gente te pregunta cómo estás? ¿Eres de aquellos que usan frases como: "ahí vamos"; "en la lucha"; "la misma barca atravesando el río"? Si es así, considera cómo estas respuestas pueden influir en tu propia percepción de la realidad y en la manera en que los demás te ven. A menudo, nuestras palabras reflejan nuestra actitud y mentalidad, por lo que elegir conscientemente palabras edificantes y positivas puede tener un impacto significativo en cómo experimentamos la vida y cómo interactuamos con quienes nos rodean.

No Uses la Palabra para Faltar el Respeto al Prójimo

Piensa por un momento qué es lo que más te gusta de los demás; ¿qué es aquello que hacen bien? Piensa en cuándo fue la última vez que le hiciste saber a alguien lo mucho que le valoras y le aprecias. No siempre vamos a estar de acuerdo con todo el mundo, pero esto no es excusa para desprestigiar las ideas y las propuestas de otras personas; al contrario, debemos valorarlas y aceptarlas como parte de una gran información.

La empatía nos ayuda a conectar emocionalmente con los demás y, por lo tanto, a mejorar nuestras relaciones interpersonales. También nos hace ser más objetivos, ya que el ponernos en el lugar de los demás facilita que les comprendamos sin prejuicios.

Aprendamos de los errores y busquemos las soluciones; evitemos quejas o acciones que nos retrasen; procuremos no culpar a los demás ni a nosotros mismos.

Enfoquémonos en sumar y no en restar; seamos parte de la solución, y no del problema. No caigamos en el error de insultar a otras personas por tener diferencias de opinión; evitemos en lo posible juzgar y criticar. Las palabras ofensivas no hacen más que crear barreras, por lo que debemos eliminarlas de nuestro vocabulario. Tomemos en cuenta con qué actitud vamos a encarar nuestra vida diaria; hay personas que responden "no" cuando quieren decir "sí" o viceversa. Saber lo que queremos y lo que NO estamos dispuestos a tolerar nos permite ser más asertivos y congruentes en nuestra vida.

Quiero terminar este segmento con esta información que me encanta mantener presente: "Para comprender mejor el comportamiento humano y no tomarnos las cosas tan personales debemos recordar tres cosas: primera, las personas nos aman de acuerdo con el nivel en que se aman a sí mismas, segundo, las personas se comunican de acuerdo con su nivel de consciencia y tercero, las personas se comportan de acuerdo con el nivel de sanación de su trauma".

Las personas pueden incluso lastimarnos física, mental o emocionalmente, pero está en nuestras manos trabajar con nosotros mismos y buscar el aprendizaje, trascender la herida, sanar y seguir adelante con mayor madurez, sabiduría y empatía. Está en nuestras manos transformarnos en los seres humanos que deseamos convertirnos.

La Energía de las Palabras y su Gran Poder Empiezan en el Momento en que Decretas tu Realidad.

Procura escuchar a los demás con gran interés, intentando descifrar en profundidad lo que te dicen; de ese modo aprenderás a conocer mejor a quienes te rodean. Acostúmbrate a guiarte por el análisis y la reflexión, y no solo por tu lógica personal.

Aquello que resulta obvio para ti, quizás no lo es para la otra persona.

Piensa por un momento en las cinco personas con las que pasas la mayor parte de tu tiempo, y trata de ver en qué punto te ubicas con respecto a ellas; esto te llevará a redefinir el concepto que tengas de la palabra "éxito".

Para algunos quizás tienen que ver con alcanzar estabilidad laboral, económica, amorosa, etc., de acuerdo con los estándares que nos impone la sociedad, pero si eres muy joven, quizás para ti el éxito tiene que ver con tus estudios, o con encontrar tu vocación; aquello que verdaderamente te gustaría hacer por el resto de tu vida.

Al fin y al cabo, el éxito es lo que cada uno decide que es. Las relaciones con los demás determinan en gran medida lo que podemos llegar a lograr en nuestras vidas, y lo que no. Las personas con quienes más nos relacionamos influyen de muchas maneras en nuestro día a día. Podemos tener una idea acerca de nuestro futuro observando de quiénes estamos rodeados.

Busca mantener a tu lado a quienes te ayudan a superar los momentos difíciles; esos que cuando te equivocas o enfrentas alguna desilusión, no te ignoran, ni te juzgan ni te critican, sino que, por el contrario, fomentan tu confianza y tu fe en ti mismo.

Aléjate de quienes te gritaron: "¡Yo te lo dije!" al descubrir que tuviste un fracaso o una falla; quédate junto a aquellos que, ante un fracaso, intentan buscar el por qué, en lugar de señalar y establecer culpas.

Ten en cuenta que mientras más exitosa pueda ser una persona, más larga es la lista de fracasos que lleva detrás. Bien dicen que a los verdaderos amigos los conoces en la enfermedad y en las dificultades; aleja de tu vida a todos aquellos que se burlen de ti insistiendo en decirte qué hacer, generando más desconfianza en ti mismo, cuando estás en medio de un reto.

Mientras más sabias, nobles, leales, inteligentes, emprendedoras, y de buen ánimo sean las personas a nuestro alrededor, más nos vamos a dar cuenta de lo mucho que aún nos falta por aprender, y de esa manera nos sentiremos estimulados y respaldados para mejorar constantemente.

Si abordamos de un modo adecuado nuestra apreciación a quienes nos rodean, podremos encontrar en aquellos que son mejores que nosotros, un incentivo para avanzar hacia metas más elevadas.

Recuerda que, en esta vida las cosas llegan con enfoque, esfuerzo, dedicación y amor. El respeto a los demás más que un valor debe ser considerado un factor de supervivencia, porque es la base de la cooperación, de la comunicación, de la empatía, de la solidaridad, de la honestidad y de un sinfín de cualidades que nos permiten vivir en comunidad e impulsarnos mutuamente hacia el logro de nuestros objetivos.

Hoy en día, el término sinergia es empleado para referirse a la magia del trabajo en equipo; en otras palabras, a la cooperación. El resultado del trabajo en equipo es muy superior a los esfuerzos que se realizan individualmente, por muy grandes que estos sean.

Una condición fundamental para trabajar en cooperación y desarrollar vínculos productivos es saber tener humildad. No siempre tenemos que ser nosotros quienes tengamos la última palabra; vale la pena dejar de brillar por un momento si es a favor de que el equipo gane. En este sentido, el uso consciente y respetuoso del lenguaje desempeña un papel esencial en la construcción de relaciones de equipo sólidas.

Cuando empleamos un lenguaje que promueve la escucha activa y la colaboración, creamos un entorno en el que todos se sienten valorados y escuchados. Esto, a su vez, fomenta la apertura para compartir ideas, resolver problemas de manera conjunta y alcanzar metas comunes de manera más efectiva. En última instancia, el lenguaje adecuado es una herramienta poderosa para fortalecer la unidad y la eficiencia de un equipo.

CAPÍTULO 8
EL HÁBITO DE PROCRASTINAR

La procrastinación es el hábito de diferir o posponer el trabajo que necesitas que esté listo, porque te ocupas de otras cosas menos importantes, o te distraes con actividades no laborales, como ver las redes sociales o algún programa de televisión.

La procrastinación no es un defecto del carácter o una maldición misteriosa que ha caído en tu habilidad para administrar el tiempo, sino una manera de enfrentar las emociones desafiantes y estados de ánimo negativos generados por ciertas tareas: aburrimiento, ansiedad, inseguridad, frustración, resentimiento y más.

Muchas personas tienden a procrastinar porque no saben gestionar adecuadamente sus emociones, y el estrés que pueden sentir se termina transformando en ansiedad. Suelen ser personalidades ansiosas, que se distraen, que pueden ver un proyecto como algo excesivamente grande e inabarcable.

Cuando pospones las cosas seguramente es posible que te digas a ti mismo qué necesitas un descanso y disfrutar un poco de navegar por tu teléfono.

La procrastinación suele ser una forma de lidiar con la ansiedad, lo que resulta contraproducente. Posponer una tarea que te pone ansioso perpetúa la ansiedad durante más horas y días, semanas y meses. Algunas investigaciones sugieren que los procrastinadores duermen peor y se sienten cansados durante el día, lo que amplifica su ansiedad. Dar vueltas y vueltas y preocuparse por no hacer las cosas, hace que todavía sea más difícil hacerlas.

Piensa en las razones de la demora. ¿Te sientes sobrecargado y sigues esperando hasta que "tienes tiempo", pero ninguna cantidad de tiempo es suficiente? ¿Te enojas y culpas a otras personas por cargarte con todo este trabajo? ¿Tienes miedo de hacer un mal trabajo? Enfrentar esos sentimientos podría ayudarte a comenzar. ¿Pero exactamente cómo?

La Procrastinación Estructurada

Aquí te comparto un consejo que te puede ayudar si estás pasando por esto. Puedes comenzar haciendo otra tarea que te presiona menos, pero aún más importante. Aprendí esto cuando quise escribir mi primer libro, pero no podía comenzar. Así que empecé con párrafos pequeños. Cuando me daba cuenta de que me enredaba escribiendo un capítulo, cambiaba a otro. Pronto tenía cuatro o más capítulos en progreso a la vez, y pasaba horas escribiendo todos los días. Eso me sirvió de práctica para sobrepasar el hábito de postergar y estaba trabajando de manera constante y ardua, y además avanzaba en mi libro.

Encuentro que escribir listas de "cosas por hacer" a veces me bloquea y no llegó a cumplir con todo lo de la lista y eso me pone ansiosa, así que sigo mi lista mental y, al final de una mañana de tareas, podría escribir mi lista y marcar cada tarea que acabo de terminar. A menudo comencé con tareas en la parte inferior de mi lista de prioridades y ahora tengo energía para pasar a un trabajo de mayor prioridad.

Puedes dividir un gran proyecto en subproyectos y clasificarlos, y luego elegir primero los menos importantes o los más rápidos de hacer. Eso nos permite ver cómo avanzamos con nuestra lista y nos brinda una descarga positiva que ayuda a mejorar la confianza en nosotros mismos.

Recompensarte a ti mismo funciona también para crear nuevos patrones mentales. Si has terminado o avanzaste en una tarea que particularmente no tenías muchas ganas de hacer, date una recompensa como salir a caminar o llamar a un amigo.

Practica la Autocompasión

Es común que los procrastinadores se golpeen a sí mismos o sean catalogados por los demás como perezosos y egoístas. Es muy importante para mí que captes que, si este es tu caso, tú no eres flojo ni perezoso, solo estás lidiando con la ansiedad de una manera que no funciona.

Si puedes hablar amablemente contigo mismo, es posible que estés menos ansioso y descubras que puedes hacer el trabajo más rápido y con más éxito de lo que pensabas.

Si te estás estancando porque te faltan habilidades o encuentras una tarea tan aburrida que no puedes concentrarte, intenta delegarla en otra persona. Juega con tus fortalezas y pasiones y supera tus debilidades. Encuentra ayudantes o colaboradores que puedan llenar tus vacíos.

¿Cuándo Podemos Caer en el Hábito de Procrastinar?

La procrastinación tiene muchas caras y muchas maneras de presentarse, pero, sobre todo, este hábito de postergar suele acoplarse a episodios en los que nos encontramos con baja autoestima. Seguramente si sientes que vives procrastinando, con frecuencia podrás observar que te dices cosas como: Tengo que...

- Hacerlo ya, no puedo esperar más tiempo...
- Pedir cita al médico.
- Apuntarme a inglés este año.
- Sacar o renovar mi licencia de conducir.
- Renovar mi pasaporte.
- Cambiar de trabajo.
- Levantarme más temprano.
- Empezar a comer mejor.
- Empezar a ser más organizada.
- Dejar de llegar siempre tarde.
- Hacer ejercicio. Empezar a cuidarme
- Dejar de perder tiempo con el móvil y ponerme al día con las prioridades.

Control y Resistencia en la Procrastinación

Párate un momento y piensa en la última vez que postergaste o dejaste para después el hacer algo importante, pregúntate ¿Qué estaba sucediendo dentro de ti?

Lo más probable es que, una parte de ti, a la que podemos llamar *«El controlador»*, te ordena qué hacer con un tono de voz crítico, diciendo frases como las que te mencione arriba...

Y al mismo tiempo, esta voz crítica podría estar diciéndote cosas como:

«Será mejor que no cometas errores, porque no te van a valorar». ¿Te suena esta voz? ¿Una voz que trató de controlarte y juzgarte por tus errores cuando eras pequeño? ¿Cuántos años tendrías cuando integraste esta voz en tu ego herido? Puede que fueras un adolescente.

Esta voz crítica es a menudo un adolescente que quiere tener el control, creyendo que, si puede **hacerlo todo «bien»**, estará a salvo del **rechazo.**

Luego, hay otra parte de ti, a la que podemos llamar «La Resistencia», que te dice:

«Tú no eres mi jefe. No necesito hacer lo que dices». O que amenaza con: *«Será mejor que ni siquiera lo intentes. Es mejor no intentarlo que intentar algo y fracasar».*

¿Qué edad tenías cuando comenzaste a resistirte? ¿Cinco, diez años? A medida que te vuelves más consciente de lo que sucede dentro de ti, entiendes que hay una lucha interna de poder.

Por un lado, está tu parte crítica tratando de controlar y juzgar lo que haces y la otra parte resistiéndose a ser controlada y fallando «porque quiere», como si fuera un autosabotaje. Esta lucha de poder crea una inmovilización interna, que se refleja en el hábito de procrastinar o postergar. En otras palabras, el control más la resistencia es igual a la procrastinación.

Cómo Salir de la Procrastinación

Si lo piensas realmente, se trata de un problema que encierra muchos factores:

- La visión que tienes de ti.
- El estrés que te provoca una tarea.
- El control y la resistencia que luchan en tu interior.
- La falta de coraje para enfrentarte a tus miedos

¿Realmente quieres que tus decisiones las tome un «*niño herido*» o un «*adolescente que se resiste*»? Supongo que la respuesta es no.

Imagina que tienes dos juegos de mesa. Un juego de mesa es jugado por el **ego herido**, cuya intención es controlar y no ser controlado y protegerse contra los posibles errores y rechazos. El otro juego de mesa es jugado por un **ego amoroso**, cuya intención es vivir en sintonía con lo que le hace feliz.

La forma de salir de la procrastinación es cambiar los juegos de mesa, y esto ocurre cambiando tu intención.

En el juego de vencer la procrastinación solo hay dos intenciones para elegir, y dado que tenemos libre albedrío, podemos elegir nuestra intención en cada momento. Por tanto, el crear una estrategia para hacerle frente a la procrastinación puede ser de mucha ayuda.

Haz Frente a la Procrastinación que Roba tu Tiempo

- Mientras tu intención sea protegerte, controlar la situación y evitar ser controlado, permanecerás atrapado en la resistencia.

- Cuando eliges la intención de aprender sobre lo que te gusta a ti y te hace feliz, y le das a esto tu máxima prioridad, podrás deshacerte de esa resistencia.

- Cuando tu intención es amarte a ti mismo (en lugar de dejar que tus miedos al fracaso o al rechazo te controlen), entonces te resultará fácil llevar a cabo acciones que te benefician directamente.

- Cuando cambies los «**tengo** que»; "debería hacer esto o aquello"; por un «**quiero** hacer esto, **quiero** empezar y acabar esta tarea», entonces será más simple concentrarte en lo que estás haciendo y dejarás de perder el tiempo. Como dijimos en el capítulo anterior, el poder de las palabras es contundente, convirtiéndose en un elemento que puedes utilizar a tu favor para vencer la procrastinación.

La Relación Entre Procrastinación, Autoestima y Miedo al Rechazo

Cuando consigues ganar al miedo al rechazo, es cuando te resulta más fácil comer de forma saludable y hacer ejercicio, entregar las cosas en su fecha y llegar a tiempo a los sitios, vivir con menos estrés y dejar las prisas...porque esto es lo que realmente te gusta a ti.

De hecho, puedes dejar de procrastinar una vez que decidas **que amarte a ti mismo es mucho más importante para ti que evitar el rechazo**, el fracaso, los errores, el control o cualquier otra cosa que temes.

Amarse a uno mismo y tratarse con amor es el primer paso para salir de la ruleta de la procrastinación. **Pero cuidado**, no se trata de decirte que te aceptas y te amas, se trata de demostrártelo cada día, poniendo empeño en superar tu resistencia a avanzar, a comenzar, a cambiar.

Para enfrentarte a tu procrastinación necesitarás un plan. Así que ármate de valor, ayúdate del calendario y pon un reloj en tu mano.

Ejercicio Sencillo para Dejar de Procrastinar y Aumentar tu Autoestima:

Prepara papel y lápiz para poder ir escribiendo lo que observas en este ejercicio.

Te invito a que pienses en qué planes futuros o tareas inmediatas estás procrastinando ahora mismo.

1. Tómate unos minutos y piensa en aquello que siempre has querido hacer pero que no acabas de dar el paso.

2. Cuando las pienses anótalas en una lista, reconoce en ellas si existe algún tipo de temor, tanto a la tarea en sí, como a realizarla con errores y fracasar en el intento.

3. Analiza por qué sientes ese temor y busca en ti cuál es el motor real para querer alcanzar esas metas y realizar esas tareas que has postergado para otro momento.

4. Por otro lado, es importante que dividas estas tareas más grandes e imponentes en pequeños pasos que te llevarán a conseguirla. Piensa en ellas de forma realista y marca objetivos sinceros.

Tu Calendario para Actuar y Vencer la Procrastinación

Una vez que has rellenado esta lista de tareas que estás postergando, toca comenzar a actuar acorde con los objetivos a corto y mediano plazo.

Para ello dedica un momento a planificar tu calendario. Busca una agenda que tenga espacio para apuntar las tareas diarias y déjala a la vista.

Vuelve a confiar en tu capacidad, vuelve a desear hacer lo que realmente te llena y te gusta...empieza a moverte por tus motivaciones y deja de detenerte por el miedo. Así dejarás de postergar.

Vencer el Miedo Implica Tomar Acciones Concretas

A lo largo de mi vida he atravesado por diversos momentos en los que he entrado en una etapa de congelamiento. Estoy consciente de que este fenómeno se manifiesta en mi comportamiento después de haber sufrido una decepción, o cuando siento que las cosas no me están saliendo bien.

Cuando esto me pasa, sencillamente no me siento con ganas de hacer nada; si estoy en medio de algún proyecto, lo aplazo y queda abandonado de momento, pues mientras estoy en ese trance mi motivación es prácticamente inexistente.

Ahí es donde me di cuenta de la importancia de sustituir los objetivos por principios y valores, y cómo tener esto bien definido, puede ayudarnos a salir de la procrastinación. Es decir, si estoy en medio de un proyecto de emprendimiento, y se requiere que yo realice llamadas, planifique, contacte a personas, y no tengo humor ni me siento con el ánimo de hacerlo, me enfoco entonces en realizar aquellas tareas que no me suponen el mismo grado de presencia y esfuerzo.

Entonces, grabo videos que puedo subir a las redes sociales, tomo fotografías que puedo compartir en grupos de venta, envío mensajes de texto, etc.

Busco seguir realizando mis actividades de acuerdo con mis posibilidades en ese momento, dándome un espacio de recuperación y enfocando mi atención en fortalecer mis valores personales de disciplina, compromiso conmigo misma y autocompasión.

Muchas veces el hecho de no conseguir los objetivos que nos hemos trazado puede llevarnos a la frustración, a no sentirnos capaces de nada, pero esto deja de suceder cuando son los valores y los principios los que guían nuestra vida.

Te daré otro ejemplo bien concreto: imagina que nos estamos preparando para presentar una clase en línea; llevamos largas semanas estudiando y aprovechando el tiempo al máximo para capacitarnos lo mejor posible, a la vez que estamos ejercitando nuestros valores como: el esfuerzo, el espíritu de superación, la perseverancia, la capacidad de sacrificio, la voluntad y responsabilidad.

Finalmente, llega el día de la clase y algo falló en el webinar. Aquí lo importante es darnos cuenta de que los valores quedan intactos; aprendemos de nuestra experiencia, y el día que tengamos que volver a aplicarlos, lo haremos sin ningún inconveniente, porque luchamos y trabajamos para ello.

Trabajar en el desarrollo de principios nos dota de herramientas con las que saldremos adelante, y esto sin duda tendrá más peso y trascendencia que el hecho de lograr o no ciertos objetivos. Todos nacemos con un conjunto de cualidades, fortalezas y debilidades.

Cuando atravesamos períodos de baja o nula autoestima, podemos llegar a creer que carecemos por completo de cualidades, y que en su defecto somos un dechado de defectos.

A continuación, te muestro algunos consejos que pueden ayudarte a darle un levantón a tu autoestima:

Piensa en 5 logros que hayas conseguido a lo largo de tu vida: terminar tu carrera, trabajar en el sector que querías, aprender otro idioma, tocar un instrumento musical, aprender a cocinar, etc. Si te cuesta encontrarlos, es porque no estás siendo generoso contigo mismo, así que imagínate que ese éxito lo hubiera conseguido alguno de tus amigos. ¿Qué le dirías? ¿Cómo lo reconocerías?

Luego, piensa qué características personales son necesarias para conseguir cada uno de esos logros: la curiosidad, la iniciativa, la disciplina, la constancia, la consistencia, etc. Ya lo tienes... ¡Esas son tus fortalezas!

Ahora, vuelve tu mirada hacia ti, reconociendo que en efecto has sido tú quien, gracias a todas tus cualidades, has alcanzado cada uno de esos logros. Te invito a preguntarte: ¿Cuántas veces aprecias lo que haces, te elogias o te das un cumplido? Si esto no ocurre muy a menudo, ¡hazlo ahora!

Quien Reconoce sus Aciertos y Cualidades no Necesita la Aprobación de los Demás para Vivir.

Lo más importante para ti debe ser tu propia opinión; eres el mejor juez de tu propia conducta. Paradójicamente, el ego puede conducirnos a la autodestrucción; quererse a sí mismo es comprender que tu valor no depende de lo que opinen los demás. Si crees que quien te da valor es la gente y vives a expensas de lo que te dicen los demás, estás expuesto a que te destruyan.

Necesitamos desarrollar la habilidad de poder enfrentar una situación y persistir en ello; el éxito en algo se logra intentando una y otra vez hasta alcanzarlo.

El éxito no es un fin en sí mismo, sino el disfrute del camino que nos conduce hacia lo que queremos.

Muchas veces tenemos pensamientos que nos hacen sentirnos mal con nosotros mismos en especial cuando procrastinamos; podemos llegar a sentirnos afectados porque las cosas no resultan como a nosotros nos parece que debieron ser. Constantemente nos encontramos acorralados por ideas que surgen en nuestra mente sin parar, y que determinan nuestro estado de ánimo.

Mantenernos en el Aquí y el Ahora nos Ayuda a Controlar el Pensamiento Excesivo.

El hábito de valorar el momento presente, aceptando nuestra realidad con gratitud en lugar de pretender huir de ella, nos aporta serenidad y equilibrio para poder encontrar las alternativas cuando la realidad no coincide con lo que deseamos.

Conviene recordar que todo lo que nos ocurre es una lección que necesitamos aprender; el primer paso para transformar nuestra vida es aceptarla tal y como es, confiando en que es perfecta, aunque no la comprendamos a veces.

Utiliza estímulos externos para reconectar con el presente. Nuestro pensamiento excesivo nos evade del momento presente con todo lo que tenemos a nuestro alrededor; la idea es precisamente crearnos el hábito de dirigir nuestra atención a un símbolo que nos ayude a enfocar nuestra consciencia en el aquí y el ahora.

Algunas personas escogen un cuadro de la sala de su casa, un anillo o un hilo rojo atado en su muñeca. Cada vez que los pensamientos se nos escapen hacia el pasado o el futuro, observar este elemento especial nos permitirá redirigir nuestra atención a lo que está ocurriendo a nuestro alrededor, y de esa manera nos ubicamos de nuevo en el presente.

Acepta el presente en lugar de juzgarlo. Los seres humanos somos inconformes por naturaleza, pero esta condición se convierte en un problema cuando nos impide aceptar la realidad tal y como es. A nuestro alrededor ocurren muchas cosas que no podemos modificar, pero esto no debe ser motivo de tristeza y frustración. Pensar que tus circunstancias deberían ser distintas a como son es un truco del ego para distraerte del presente.

Observa tu Diálogo Interno.

"Estoy en el mejor momento y en el mejor lugar para cumplir mi objetivo de vida"

Muchas veces pensamos de manera "automática", casi involuntaria. Cuando esto ocurre, fluyen sin control las críticas negativas hacia nosotros mismos, y ese es el problema. Al no estar conectados con nuestro "Yo Divino", se impone la voz irracional del ego, que interpreta cualquier situación de la peor forma posible, incluso sin tener pruebas para tales conclusiones. Es fundamental darnos cuenta de lo que estamos pensando, y del contenido de nuestros pensamientos, para poder someterlos a verificación:

Aprender a poner límites al pensamiento no se logra de la noche a la mañana, pero te ayudará a disfrutar más de tu realidad. Para alcanzar la vida que sueñas debes tomar acciones en el presente, teniendo en cuenta que siempre existe un margen de incertidumbre que puede conducirnos a resultados distintos a los planeados. La vida consiste en fluir con la corriente de los cambios como ya lo mencioné en otro capítulo.

Abraza tus Miedos

Cuando el miedo aparezca, no lo ignores, no lo bloquees, no pretendas actuar como si no existiera, pues esto solo va a hacer que se incremente su poder sobre ti. Por el contrario, enfréntalo, abrázalo, acéptalo como una parte de tu mente que necesita expresarse. Como todo en la vida, el miedo también tiene su razón de ser; la función de esta emoción es nada menos y nada más que el mantenernos a salvo de cualquier peligro. El miedo también nos hace creer que algo negativo está por ocurrir, y de ese modo nos mantiene en alerta.

Es importante aprender a observar nuestros pensamientos; recuerda que no somos lo que pensamos: imaginar algo no significa que siempre se convierta en realidad.

Lo que ocurre con el miedo es que, aunque eso que tememos no sea real, nuestro cerebro lo procesa como si en verdad lo fuera, generando una serie de respuestas temporales que no están diseñadas para prolongarse en el tiempo, pues significan un gran esfuerzo para todo nuestro organismo. Sentir miedo aumenta la presión cardiaca y desciende la temperatura corporal, pero incrementa la sudoración; las pupilas se dilatan y los músculos se tensan, dejándonos paralizados.

Ante situaciones que nos generan miedo podemos reaccionar de distintas maneras; la ciencia ha clasificado las posibles respuestas al miedo de la siguiente manera: huida, defensa agresiva, inmovilidad y sumisión. Cabe destacar que ninguna de ellas se activa de forma consciente.

Existe un mínimo nivel de miedo que es incluso normal en la vida de cualquier persona mentalmente sana, pero pueden darse también los casos de miedo patológico, que se prolonga más tiempo de lo normal sin motivos reales. Es inevitable sentir miedo; sin embargo, es necesario mantenerlo equilibrado, evitando que se convierta en un factor tóxico para nuestra salud.

La resiliencia, la autoestima y la práctica de la psicología positiva no solo contribuyen a fortalecer nuestro sistema inmune mental, sino también nuestra salud física. Un estado mental positivo estimula el óptimo funcionamiento del sistema inmunológico, mientras que las emociones negativas lo suprimen.

Lo Importante No es lo que Sucede, Sino lo que Pensamos Sobre lo que Sucede

Aquí te comparto una estrategia muy útil para desmontar el poder paralizante del miedo:

- Cuando sientas que te invade, enfréntalo; en lugar de evadirlo, permítete sentirlo.
- Ahora, intenta darle forma tangible: si pudieras tocarlo, ¿qué forma tendría? ¿Qué nombre le pondrías? Si puedes plasmar esto en un dibujo, mucho mejor.
- Luego, imagina que un manantial de agua cristalina arrastra tu miedo, hasta que desaparece con la corriente.

Nuestros peores miedos no responden a amenazas externas, sino a aspectos de nuestra propia psique de los que no somos conscientes; nos sentimos amenazados por lo que no conocemos, y es por ello por lo que uno de los mecanismos más efectivos para superar el miedo es analizar conscientemente la realidad.

Desde siempre, el miedo ha sido utilizado como mecanismo de control; los seres humanos somos frágiles y fácilmente impresionables, de manera que quien determine cuáles son nuestras debilidades, puede perfectamente utilizarlas en nuestra contra.

El miedo nos recuerda nuestras debilidades; no somos eternos, ni invencibles, ni perfectos, y es por eso precisamente que nuestro corazón se atemoriza. Sentir miedo es de humanos, y superarlo también.

"Valiente no es quien carece de miedo, sino quien es capaz de avanzar a pesar del miedo" Nelson Mandela.

Sentir temor es de humanos, pero ser valientes nos acerca a Dios, ayuda a que nuestra fe y confianza crezcan, y nos permite avanzar hacia nuevas posibilidades, venciendo nuestros propios límites. Sin valentía, los seres humanos aún estaríamos viviendo en las cavernas.; los grandes avances de la humanidad han sido posibles gracias a esa bendita tenacidad que nos lleva siempre a querer ir más allá de nuestra zona de confort.

Como ya vimos en este capítulo la procrastinación es la acción o el hábito de postergar o posponer actividades o situaciones que deben atenderse, sustituyéndolas por otras situaciones más irrelevantes o agradables. Ahora ha llegado un momento muy especial de este capítulo. Te gustaría saber si:

¿Eres procrastinador o procrastinadora? El siguiente cuestionario te permitirá saber si eres un postergador nato.

Como ya lo he venido mencionando, el término se aplica en psicología para definir la sensación de ansiedad generada ante una tarea pendiente de concluir. Es un trastorno del comportamiento que a todos nos afecta en mayor o menor medida en alguna ocasión, y que en términos más populares le solemos llamar "pereza" o dejar para mañana lo que deberíamos hacer hoy.

Ocasionalmente es algo normal sufrir procrastinación, pero hay personas especialistas en postergar, son aquellas que se comportan así de manera continuada porque de alguna forma creen que el día de mañana será más adecuado para llevar a cabo una o varias tareas que tienen pendientes.

Pero en realidad la procrastinación es un problema de mala regulación y pésima organización del tiempo. Quien pospone o procrastina lo que está realizando en el fondo es una conducta claramente evasiva.

¿Eres procrastinador o procrastinadora? El siguiente cuestionario te permitirá saber si eres un postergador nato.

1. Me disgusta mucho entregar un trabajo o proyecto con algún pequeño error.
   Nunca o casi nunca
   A veces
   Siempre o casi siempre

2. Generalmente realizo mis tareas lo antes posible.
   Nunca o casi nunca
   A veces
   Siempre o casi siempre

3. La perspectiva de fracasar me preocupa.
   Nunca o casi nunca
   A veces
   Siempre o casi siempre

4. Mis dudas han afectado a algunas de las decisiones más importantes de mi vida (qué debo estudiar, dónde buscar trabajo, qué coche comprar, etc.).
   Nunca o casi nunca
   A veces
   Siempre o casi siempre

5. Tiendo a retrasar el hecho de terminar las cosas, aunque éstas sean importantes.
  Nunca o casi nunca
  A veces
  Siempre o casi siempre

6. A menudo me comprometo a realizar más tareas de las que realmente puedo asumir.
  Nunca o casi nunca
  A veces
  Siempre o casi siempre

7. En el trabajo, cada vez que me enfrento a una fecha límite de entrega, espero hasta el último minuto.
  Nunca o casi nunca
  A veces
  Siempre o casi siempre

8. Me frustro rápidamente cuando los obstáculos interfieren con la búsqueda de mis metas.
  Nunca o casi nunca
  A veces
  Siempre o casi siempre

9. Cuando tengo que enfrentarme a un problema familiar o de pareja, no empiezo nunca el diálogo, espero a que sea la otra persona quién dé el primer paso, e incluso así suelo evitarlo.
    Nunca o casi nunca
    A veces
    Siempre o casi siempre

10. Me resulta difícil ponerme a trabajar, cuando sé que tengo muchas tareas pendientes.
    Nunca o casi nunca
    A veces
    Siempre o casi siempre

11. Al empezar cada semana, ya tengo pensado lo que tengo que hacer y cuándo lo voy a hacer.
    Nunca o casi nunca
    A veces
    Siempre o casi siempre

12. Cuando tengo que comprar regalos, lo hago con bastante antelación, en lugar de dejarlo para unos pocos días antes.
    Nunca o casi nunca
    A veces
    Siempre o casi siempre

13. Cuando me enfado con alguien, prefiero darle la espalda antes que explicarle porqué estoy molesto.
>Nunca o casi nunca
>A veces
>Siempre o casi siempre

14. Cuando tengo que realizar una tarea que no me gusta demasiado, me tengo que obligar a hacerla o de lo contrario no puedo con ella.
>Nunca o casi nunca
>A veces
>Siempre o casi siempre

15. Generalmente pago mis facturas o dinero que he quedado a deber tan pronto como puedo, en vez de esperar al último momento.
>Nunca o casi nunca
>A veces
>Siempre o casi siempre

16. Cuando veo en mi móvil un mensaje en el contestador de alguien que sé que quiere hablarme de sus problemas, tiendo a retrasar todo lo que puedo el devolverle la llamada.
>Nunca o casi nunca
>A veces
>Siempre o casi siempre

17. Cancelo o cambio de planes con mis amigos o pareja en el último minuto.
    Nunca o casi nunca
    A veces
    Siempre o casi siempre

18. Cuando estoy en el trabajo o estudiando, fácilmente me pongo a soñar despierto.
    Nunca o casi nunca
    A veces
    Siempre o casi siempre

19. Puedo saber con precisión cuánto tiempo me llevará realizar una determinada tarea.
    Nunca o casi nunca
    A veces
    Siempre o casi siempre

20. Me gusta enfrentarme a retos difíciles.
    Nunca o casi nunca
    A veces
    Siempre o casi siempre

RESULTADO DE LA PRUEBA
Más de 15 "a veces"
Eres medianamente procrastinador

No tienes ningún problema serio con la procrastinación, aunque en ocasiones postergas cosas o tareas que te resultan especialmente tediosas o complicadas. Por eso a veces te encuentras perdiendo el tiempo, aunque no es habitual.

Tu caso es el más normal de todos, la mayoría de la población se encuentra en este baremo medio. Pero ¡cuidado!, no te relajes demasiado o acabarás siendo un verdadero procrastinador, lo cual te traerá problemas, tanto en el ámbito laboral como en el personal. En lo laboral te puede afectar porque si no haces las tareas a tiempo puede que las termines mal o incluso no las termines, y esto te impedirá avanzar en tu negocio o en tu profesión, además de causarte un posible despido. A nivel personal, si no eres capaz de enfrentar los problemas al relacionarte con otras personas, acabarás sintiéndote vencido, insatisfecho e inseguro. Trabaja en ello y comienza a hacer un plan para mejorar.

RESULTADO DE LA PRUEBA
Más de 15 "Siempre"
Eres muy procrastinador

Parece que tienes un verdadero problema de procrastinación. Eres un maestro en el arte de aplazar las cosas, lo cual podría estar teniendo un impacto negativo en múltiples áreas de tu vida, incluyendo tu vida personal, el trabajo y la vida social. No consigues organizar bien tu tiempo y esto te provoca una sensación de caos, de no poder llegar a todo y de frustración, debido a la acumulación de tareas pendientes.

También es posible que tengas sentimientos de insatisfacción, inseguridad y estancamiento. Como consecuencia de la procrastinación, además, es fácil acabar perdiendo la confianza y el respeto de los demás.

Te recomiendo que hagas un plan de inmediato para cambiar las cosas que debes cambiar. Empieza con un hábito a la vez, puedes empezar por organizar tus prioridades y avanzar de a poco, pero sin freno, así verás tu vida dar un gran giro. Te deseo éxito, puedes enviarme un mensaje a mi correo electrónico si ocupas apoyo en algo.

(coachkeitharojas@gmail.com)

RESULTADO DE LA PRUEBA
9 "Siempre", 11 "Nunca"
No eres procrastinador

¡Felicidades! no eres para nada un procrastinador. Todo lo contrario, en realidad eres una persona muy buena gestionando y organizando tu tiempo. Parece que incluso disfrutas abordando proyectos complicados o pesados, no te da ninguna pereza quitarlos de tu lista de tareas pendientes.

Esta actitud es muy buena para ti tanto en el ámbito laboral como en el personal. En el primero porque eres una persona que demuestra gran responsabilidad y competencia, lo cual te ayudará a progresar en tu profesión. En el segundo porque no te da miedo enfrentarte a las dificultades en las relaciones personales, las enfrentas y pones toda la carne en el asador para tratar de solucionar los problemas lo antes posible en vez de evitar enfrentamientos.

CAPÍTULO 9
EL HÁBITO DE PERMANECER EN EL PASADO

Recordar el **pasado** nos ayuda a saber de dónde venimos, pero también, nos permite acumular sabiduría en forma de experiencia. El problema surge cuando un recuerdo de ayer se convierte en una obsesión, o en algo que te impide vivir feliz y tranquilo contigo mismo.

Cuando terminamos una relación y sentimos que el dolor de la ruptura es más fuerte que nosotros, es porque más que amor, hemos desarrollado apego hacia esa persona.

Todo emprendedor necesita fortaleza para resistir

el oleaje de la marea cotidiana, pero es imposible alcanzar dicha estabilidad si el equilibrio de sus emociones y pensamientos dependen de alguien más.

El Apego es una Forma de Permanecer en el Pasado

Una de las trampas del ego para desviarnos de nuestros objetivos consiste en hacernos pensar obsesivamente en algo o en alguien, a pesar de que nuestra "intuición" nos haya hecho saber de todas las formas posibles que no era lo que nos convenía, y esto aplica tanto para parejas como para amigos, empleos, lugares y cualquier otro elemento con el que nos hayamos relacionado de un modo u otro.

Aunque no seamos plenamente conscientes de ello, nuestro **pasado nos** programa, **nos** condiciona y **nos** hace ser tal y como somos. Por eso, cuando se presentan problemas emocionales, mirar atrás puede ser clave para sanarnos. Algunas terapias psicológicas centran su trabajo terapéutico en ubicarnos en el presente.

Una vez más, mirar objetivamente la realidad es nuestra mejor arma para desenmascarar a esa parte de nuestra mente, que nos puede manejar si se lo permitimos.

Quizás uno de los mayores obstáculos que necesitamos superar para aceptar los cambios y los finales es la idea que nos vendieron en los cuentos de hadas de que las relaciones son "para siempre".

¿Amor o Dependencia?

Comprender la distinción fundamental entre el amor y el apego emocional es un paso crucial en nuestro viaje hacia el crecimiento personal y las relaciones saludables. A menudo, estos dos conceptos se entrelazan de manera confusa en nuestras vidas, lo que puede llevarnos a experiencias dolorosas y relaciones disfuncionales.

El amor genuino es desinteresado, nutre el crecimiento y la libertad de las personas involucradas, mientras que el apego emocional está arraigado en el miedo y la necesidad, y tiende a atarnos al pasado y repetir patrones que pueden resultar costosos. El explorar cómo reconocer estas diferencias nos permite liberarnos de las cadenas del pasado y abrirnos a relaciones más auténticas y enriquecedoras.

El amor se reconoce porque hace que te sientas libre y feliz; quien ama quiere el bien no sólo para sí mismo, sino también para los otros. En cambio, la dependencia es todo lo contrario; cuando hay dependencia, hay miedo, posesividad y egoísmo.

- La persona dependiente dice: "Yo quiero que estés conmigo, porque no puedo estar sin ti... Yo dependo de ti para sentirme bien".

Un punto importante es que las necesidades y las dependencias nos limitan, porque nos quitan la libertad. Por supuesto que, como seres humanos, tenemos algunas necesidades básicas que determinan lo que podemos y no podemos hacer.

El hecho de que necesitemos aire para sobrevivir hace que no podamos ir al espacio sideral, sin contar con un equipo especializado. El que necesitemos agua para sobrevivir hace que no podamos pasar demasiado tiempo en el desierto.

Obviamente estamos limitados de acuerdo con nuestras necesidades básicas, sin embargo, es de mucho valor para nosotros observar que existe otro tipo de necesidades que son creadas por nosotros mismos, ante las cuales tenemos todas las posibilidades de elegir: podemos sobrevivir sin una pareja... podemos sobrevivir sin dinero en el bolsillo... podemos vivir sin ese auto de lujo que tanto nos gusta.

Mucho de lo que "creemos necesitar" son dependencias

En la medida que afectan seriamente nuestras emociones, las dependencias nos están limitando, pues nos restan poder y control sobre nosotros mismos.

Nuestros pensamientos están bajo nuestro control; somos nosotros quienes decidimos qué pensar, y al hacerlo generamos sentimientos; en otras palabras, no sentimos determinadas emociones por casualidad, sino por la calidad de nuestros pensamientos. Por eso es tan importante vigilar lo que vemos y lo que escuchamos, ya que toda esta información va quedando almacenada en nuestra mente y de alguna manera influye y se va integrando con nuestros pensamientos y creencias.

Si aprendemos a darle dirección a lo que pensamos, modificando nuestro punto de vista y la perspectiva que le estamos dando a las cosas, podremos comenzar a relacionarnos de un modo diferente con el mundo que nos rodea.

Superar la Idea de "Necesitar" nos Permite Relacionarnos de Manera Adecuada

El secreto para amar a alguien sin necesitarlo se esconde en tu nivel de autoestima y confianza en ti mismo. Quien se sabe capaz de superar cualquier cosa y de conseguir o crear lo que desea, no sufre tanto cuando alguien se va de su vida, porque sabe que puede volver a crear algo mejor, sabe que puede ser incluso más feliz y que nada le impide conseguir lo que sabe que merece.

Quien goza de autoestima disfruta de independencia emocional, pues se siente capaz de lidiar con las cosas que la vida le trae. Todo parte de lo que creamos sobre nosotros mismos.

De nada vale intentar cambiar la dinámica de una relación si antes no cambiamos nuestra mentalidad, sustituyendo las ideas que nos hacen dependientes por una mayor seguridad y autonomía.

Si bien no es sano relacionarnos por necesidad o carencia, tampoco es conveniente irnos al otro extremo: el de la indiferencia. Necesitamos tener claro que desapego no significa: "No me importas", sino: "No dependo de ti" … "No te necesito para vivir".

Hay quienes creen que, para no depender emocionalmente de nadie, tienen que dejar de amar, y esto es un gran error. Amar es primordial para sentirnos plenos, pero debemos hacerlo con independencia.

Una de las frases más limitantes que acostumbramos a decir en nuestras relaciones es: "Te necesito; me muero sin ti". Esto no es verdad: no necesitamos de nadie; todos somos seres completos, independientes y capaces de ser felices, porque nuestra felicidad depende de nosotros y de nuestra interpretación del mundo que nos rodea.

Amar solo es posible desde la libertad de poder decir: "Esposo mío, novio mío, amiga o amigo mío... Yo te amo, te quiero con todo mi corazón, pero no te necesito para vivir".

Sal de tu Zona de Comfort

Si la teoría de la media naranja fuera cierta, nos habríamos desangrado después de cada ruptura, pero no es así; necesitamos aprender que nuestro ego es capaz de hacernos creer cualquier cosa con tal de que no salgamos de nuestra zona de confort. Esa incomodidad y el dolor que sentimos ante las rupturas y los cambios son su manera de decirnos: "¡Vuelve a lo de antes! ¡Vuelve!"

Es por eso por lo que todo final requiere de una etapa de duelo en la que nuestro cerebro se adapte a las nuevas circunstancias. Quien no está dispuesto a atravesar el duelo, nunca va a dejar de necesitar y depender de otros.

La única razón por la que seguimos apegados a relaciones que no son buenas para nosotros, donde nos la pasamos peleando y gritando, donde hay celos, donde incluso convivimos y soportamos que nos manipulen, nos maltraten y nos mientan, es la dependencia emocional. En el próximo capítulo te hablaré un poco más acerca del apego.

La Dependencia Emocional se Nutre de la Falta de Autoestima

La autoestima es el resultado de sentirnos apreciados por nuestro entorno; cuando nos sentimos dignos de ser amados, adquirimos confianza en nosotros mismos y aprendemos a rechazar lo que nos incomoda o nos lastima.

Por el contrario, quien no se siente valorado no sabe marcar sus propios límites, llegando a soportar muchas cosas dolorosas o indebidas, creyendo que de esa forma va a recibir por fin el amor que no ha conseguido en su vida. Quien no ha desarrollado autoestima, no se cree merecedor de la felicidad; en cambio, las personas que han adquirido autoestima confían en sí mismas y en sus posibilidades, y pueden lidiar mejor con la dependencia afectiva, pues saben que no necesitan de nadie más para sentirse completas.

Sea lo que sea que esté pasando en nuestra vida, debemos aprender a identificar los pensamientos de los que muchas veces no somos conscientes y que están detrás de nuestros comportamientos. Ellos son el instrumento del ego para mantenernos apegados a situaciones y relaciones agotadoras e insostenibles.

Todos somos merecedores de amor; nadie necesita sacrificarse para ser amado. Quien no se valora puede llegar a creer que no tiene la capacidad de superar una separación, y por miedo a recomenzar, permanece estancado en situaciones que son infinitamente más dolorosas.

Esto es muy común, sobre todo en el caso de

las mujeres; algunas permanecen atadas a alguien porque sienten que necesitan el sustento económico; otras sufren en silencio por los hijos, y hay las que padecen cosas mucho peores, como maltratos, golpes y humillaciones que les propina "el amor de su vida".

Descubrir que somos libres e independientes nos empodera; recuerda que lo fuiste antes de estar en esa situación, y que lo seguirás siendo, aunque esta cambie.

El malestar que sentimos cuando algo termina se debe a "la fuerza de la costumbre", que no es más que un programa mental; es información que quedó archivada en nuestro subconsciente y que tu ego utiliza para engañarte y hacer que regreses a tu estado anterior. Nuestro ego, a pesar de ser a veces mal juzgado, tiene una función importante: protegernos. Actúa como una especie de sistema de alarma, alertándonos cuando las cosas parecen salirse de la normalidad o cuando enfrentamos situaciones que podrían suponer un riesgo.

Por eso, a veces experimentamos preocupación o angustia cuando nos alejamos de lo conocido, ya que nuestro ego interpreta esto como una posible amenaza para nuestra seguridad. Es importante entender que este mecanismo tiene una intención positiva, pero también es esencial aprender a discernir cuándo es necesario mantenernos en nuestra zona de confort y cuándo es beneficioso aventurarnos hacia lo desconocido para nuestro crecimiento y desarrollo personal.

Cuando sufres una ruptura amorosa o sientes que has "perdido algo o a alguien", en realidad, ¡no has perdido nada! Al contrario, has ganado madurez y experiencia. Al comprender cómo es que creamos independencia emocional encontraremos las herramientas que necesitamos para romperla y no repetir ese tipo de patrones; sin embargo, la decisión de dejar ir es tuya; nadie más puede hacerlo por ti.

El Poder del Aquí y el Ahora

"Para cruzar el océano se necesita la valentía de perder de vista la playa"

Las estrategias de la mente dominada por el ego nos distraen constantemente de la realidad; muchas veces es mejor poner nuestra atención en un pasado que se puede recordar, que en un futuro que no sabemos si llegará.

Enfocarnos en la realidad del momento presente nos garantiza poder reaccionar de forma adecuada a los verdaderos requerimientos de nuestra vida, y pase lo que pase, debemos recordar que los hechos no son más que eso: situaciones, acontecimientos que obedecen a diversas circunstancias; lo que puede marcar una diferencia sustancial es la forma en que los asumimos y respondemos ante ellos.

Modificar nuestra percepción de la realidad está en nuestro poder; esto conlleva un acto de voluntad y el esfuerzo de ir más allá de los patrones con los que hemos crecido, lo cual no es algo sencillo de llevar a cabo, pero atrevernos a pensar con cabeza propia bien merece el esfuerzo.

Muchas personas no han terminado una relación y ya están con otra pareja, porque se sienten inseguras al no tener de quién aferrarse; por ello es importante desarrollar la valentía de perder de vista la playa, atrevernos a estar en mar abierto es la única forma en que vamos a llegar a la tierra prometida.

Si ya reconociste que eres independiente y te diste cuenta de que no necesitas a esa persona para vivir, la pregunta es: "¿cuándo vas a dar el paso?" Si estás viviendo una situación insostenible en tu vida, quizás hoy sea el día de aprender a desapegarte, a liberarte y atreverte a zarpar mar adentro, hacia tus sueños, hacia la búsqueda de tu paz y de lo que te hace feliz.

¡Tú eres el timón de tu felicidad!

Aprovecha las Oportunidades que se te Presenten

El objetivo principal de nuestra vida, a corto, mediano y largo plazo debe ser comprender quiénes somos y qué es todo eso que hay dentro de nosotros. El no saber quiénes somos realmente, ni lo que en verdad deseamos, nos lleva a desaprovechar las oportunidades que se nos presentan a lo largo de nuestra vida.

El desconocimiento de lo que nos apasiona se convierte en un obstáculo que nos impide alcanzar nuestros sueños; al fin y al cabo, si no somos capaces de averiguar cuáles son nuestros verdaderos deseos, ¿por qué tendría que hacerlo alguien más?

Estos puntos ciegos acerca de nosotros mismos nos llenan de inseguridades a la hora de emprender o iniciar cualquier proyecto que suponga un cambio drástico en nuestra vida, como puede ser la transición de convertirse de empleado en emprendedor.

Alcanzar la independencia financiera implica una verdadera revolución interior, pues todo lo que necesitamos cambiar para que algo así ocurra está dentro de nosotros mismos.

Muchos hemos enfrentado críticas y adversidades al momento de querer independizarnos de algo o de alguien, y si no contamos con suficiente claridad personal, esto puede desviarnos o retrasar el alcanzar nuestra libertad financiera. No hay viento capaz de desviar a quienes tienen claro su norte.

Cuida de Quién te Rodeas

Es importante ser selectivo. No se trata de aislarnos para no ser criticados, pues la interacción es parte de la cotidianidad; sin embargo, es conveniente aprender a ser selectivos con las compañías y las opiniones a las que damos cabida en nuestra vida. Como lo he mencionado antes, nadie conoce tus anhelos, tus sueños, tus metas y expectativas mejor que tú mismo, en realidad, es nuestra responsabilidad conocerlos mejor que nadie.

Una herramienta que puede ayudarte a tomar consciencia de tus errores para avanzar es el sustituir el concepto de "Víctima" o "culpa" por el de "responsabilidad".

Cuando nos creemos culpables o víctimas de las circunstancias, ya nos estamos condenando de antemano; este término está cargado de una connotación negativa relacionada con el fracaso y con una incapacidad para manejar nuestro propio comportamiento.

Ser responsable en cambio implica asumir las consecuencias de nuestras acciones, demostrando madurez y capacidad para generar los cambios que la realidad nos reclama.

Como seres humanos, todos estamos expuestos a cometer errores; depende de cada uno convertirlos en aprendizaje que nos impulse a crecer, o en excusas para permanecer en el mismo lugar quejándonos y afligidos eternamente.

Gracias a muchas personas, he podido conocer cosas hermosas de mí misma que yo no imaginaba, así como también mis fallas. Estas personas han venido a mi vida como maestros que me han mostrado lo que no había logrado ver. Quizás si yo no hubiera iniciado este proceso de autoapreciación, no me hubiera encontrado con esta valiosa información que me ha permitido seguir adelante en las situaciones más complicadas y difíciles que he llegado a enfrentar.

Ahora comprendo que todo funciona para el cumplimiento de un plan mayor, y que no hay casualidades. Todo pasa por algo.

Reconoce tus Talentos

El prestar atención con los oídos de la intuición nos permite descubrir lo que estaba en un punto ciego, respecto a nuestra apreciación sobre nosotros mismos.

Recuerdo un día que al terminar una clase de la escuela dominical en la Iglesia a donde asisto, se me acercó uno de mis hermanos en Cristo para agradecerme por las palabras que les acababa de compartir. Yo me he dedicado a la educación durante muchos años; enseñar es una pasión para mí, y de hecho vengo de una familia en la que hay muchos maestros: mi mamá, mi papá, mi abuelita, quien se jubiló después de 60 años de servicio, y mis tías y un tío quienes han sido maestras de jardín de niños, primaria, y maestros a nivel universitario.

Tal vez debido a eso, nunca consideré el enseñar como un don personal, al menos hasta aquel día, cuando este hermano vino a mí y muy amablemente me hizo saber su percepción acerca de mi don para enseñar. El me dio las gracias por la clase que les impartí ese día. Y me dijo - "hermana, usted tiene el don maravilloso de enseñar"-; en ese momento, mi atención se centró en tres palabras: "Don de enseñar"; ese cumplido me permitió apreciar algo que estaba en un punto ciego para mí, y recuerdo haber conectado con mi pasión por hacerlo.

Esta anécdota que te comparto es una simple referencia de la forma en que otras personas pueden darnos información sobre nosotros mismos, ayudándonos a avanzar en este camino del autoconocimiento y la autovaloración personal para evitar quedar atorados en el pasado, y para vivir el presente con un propósito mayor...

La barrera más grande que nos obstruye el camino para alcanzar el éxito está en nuestra mentalidad como lo hemos visto en los capítulos anteriores. Hay creencias limitantes y creencias que revelan nuestra baja estima personal que se convierten en un muro denso y resistente que nos impide ver hacia nuestro interior.

Derrumbar ese muro requiere de tiempo, paciencia, esfuerzo y dedicación, pero podemos comenzar imaginando la vida que lograremos una vez que hayamos logrado avanzar.

En mi opinión, ha llegado el momento en que debemos aceptar con humildad que necesitamos cambiar de mentalidad y reordenar nuestras prioridades; incluso en las escuelas, deberíamos darles más importancia a temas como el autoconocimiento, la psicología positiva, la inteligencia emocional y el desarrollo espiritual. Considero que no tiene sentido que el ser humano siga conquistando todos los planetas del sistema solar, cuando aún no ha logrado conocerse a sí mismo.

Antes de pretender cambiar al mundo exterior, sería bueno que hagamos un cambio consciente en nuestro mundo interior. Recordemos que como es afuera es adentro, por tanto, si no nos gusta lo que vemos afuera, debemos comenzar por arreglar adentro.

Para poder ser felices hoy y disfrutar el mañana, necesitamos aprender a elegir mejor segundo a segundo, entendiendo que vivimos un proceso cada día, mientras Dios nos preste vida.

Siempre es posible mejorar; siempre podemos volverlo a intentar, ya que nada termina hasta que se acaba, y como me dice mi padre, "mientras haya vida, hay esperanza".

Tú puedes lograr todo lo que te propongas, aunque a veces te tome más tiempo. Somos los arquitectos de nuestro propio destino, y como tales, debemos aprender a amar nuestros procesos.

Hagamos del ahora el mejor tiempo de nuestra vida, salgamos del pasado para crear en el presente ese futuro como lo hemos soñamos, o incluso mejor.

CAPÍTULO 10
EL HÁBITO DEL APEGO

¿Qué es el Apego?

El apego es un hábito mental crónico que se manifiesta al proyectarle cualidades positivas, que en sí mismas no tienen, a objetos, personas, animales, ideas, circunstancias e incluso a creencias.

Desapegarnos significa dejar de aferrarnos a lo que nos causa dolor. Deshacernos de ataduras y tener las manos libres para vivir aquí y ahora y disfrutar de lo que tenemos. Desapegarnos no significa amar menos, sino liberarnos de las ataduras que crean nuestro miedo a la pérdida y al sufrimiento.

El problema para soltar está en que nos aferramos a algo. Una de las principales causas de sufrimiento es el apego al pasado, a personas, situaciones, circunstancias o lugares que hoy ya no existen ahí fuera, pero siguen intactas dentro de nosotros.

Desapegarse toma su tiempo, pero, como todo, cuanto más lo practiquemos, más fácil será, hasta que sea algo tan natural como respirar y no nos produzca ningún tipo de ansiedad.

Según el budismo el apego tiene que ver con nuestra necesidad de consumo. Todos somos consumidores por naturaleza y por ende no todo el apego es negativo. Básicamente, el problema está en hacernos dependientes de lo que consumimos: ya sea material o emocional, ya sean cosas, emociones o personas.

Cuando entendemos que el problema no es la carencia sino nuestro deseo incontrolable y egoísta, podemos ser felices. Cuando entendemos también lo que causa realmente la sensación de sufrir podemos dejar de hacerlo. Abandonar un deseo es básicamente liberarse de la dependencia.

Muchos de Nuestros Deseos son Aparentes

El ciclo de la vida en sí mismo es perecedero, es decir, de duración limitada, y esto suele generar sufrimiento. Solo cuando captamos que nada es para siempre podemos abrazar la quietud y la paz mental.

Cuando somos capaces de controlar lo que deseamos, eliminamos el sufrimiento de raíz y cuando ya no nos importa, le quitamos la energía y nos liberamos. Cuando dejamos de pensar en términos absolutos, comprendemos que todo en la vida son procesos. La dependencia o el apego, implica quedarnos pegados en una etapa de nuestra vida que ya pasó.

El cambio no es algo excepcional: al contrario, es la esencia del vivir.

Es normal que como seres vivos apuntemos a la permanencia, pero el cambio siempre es inminente. Según el budismo, al entender esta verdad podemos quitarnos el dolor. No se puede moldear el exterior a tu antojo, pero sí lo que ocurre dentro de ti. Existen situaciones que nos obligan a practicar el desapego, por ejemplo, aquellas donde extrañamos a nuestros seres queridos, pero eso nos hace entender que las personas no son nuestra propiedad.

Entender las fases del Duelo Amoroso te da Poder

Aprender a Vivir sin que Nuestras Pasiones nos Dominen. Si estás pasando en este momento por una ruptura amorosa, por un duelo de algún tipo, sufriste una pérdida, ¿En qué parte te encuentras? ¿En dónde te quedaste atrapada/o?

Las rupturas amorosas al igual que las pérdidas pasan por algunas etapas y todas, sin importar cuan dolorosas puedan ser, son importantes. Aquí te van todas las etapas por las que todos hemos pasado.

La primera: El Shock: What? ¿Cómo? ¿Cuándo? ¿Dónde? ¿Cómo pasó? ¿Es para siempre? ¿Qué hago, qué hago? No puede ser, no lo puedo creer. El shock es esa sensación donde te cuesta asumir que todo ha terminado.

La segunda: Negación: No, no, no, debe haber sido un error; calmémonos, calmémonos; espera no decidas nada, dame otra oportunidad, quédate, no te vayas, debe haber una solución.

La tercera: La tristeza: Ahora si es en serio, ¿qué voy a hacer sin él o sin ella? ¿Voy a sentir lo mismo por alguien más? ¿Me volveré a enamorar? Le extraño, no quiero estar con nadie, realmente es más difícil de lo que pensaba, creo que prefiero estar con él/con ella, aunque me mande y me controle, prefiero eso a estar sin ella, es angustioso, no tengo ganas de vivir.

Es muy normal que te sientas así, en esta etapa se siente como que todo se derrumba, pero es normal, date tiempo, hónrate a ti y a tu proceso

La cuarta: La Culpa: por mi culpa pasó esto, porque no me quede callado, si me hubiera aguantado, si no hubiera dicho nada, esto no hubiera pasado, ¡que tonta, que tonto! Empiezas a culparte, pero quiero que sepas que las relaciones e incluso la vida en un momento tiene que terminar.

Las relaciones que son pasajeras, que son por un rato, o incluso por unos años, se van a terminar tarde o temprano. No des pasos destructivos buscando culpables o incluso culpándote a ti. Todo pasa siempre por algo y si esa relación llegó a su fin, piensa que fue por una buena razón. Todo siempre funciona para lo mejor.

No hay sensación más placentera que sentir que estás listo, lista para comenzar un nuevo camino donde puedes reinventarte y volver a brillar desde el amor propio, suelta las expectativas, el dolor y la tristeza, deja de castigarte, el momento es ahora, date la oportunidad de creer y de crear, es momento de creer en ti, esto no durará para siempre, solamente son estaciones pasajeras, aprende de ellas y sigue hacia adelante, no dejes que el miedo y la culpa te quieran llevar de regreso a donde ya sabes que no eras feliz. Brilla de nuevo, ¡todo estará bien!

Entender el proceso del duelo amoroso es esencial, ya que nos proporciona una brújula emocional para navegar por los turbulentos mares de una ruptura o pérdida amorosa. Conocer este proceso nos otorga el poder de enfrentar nuestras emociones de manera saludable, comprender que el dolor es una parte natural de la sanación y, finalmente, avanzar hacia la recuperación y el crecimiento personal.

Al estar conscientes de las etapas del duelo, podemos tomar decisiones más informadas sobre cómo cuidar de nosotros mismos, buscar apoyo y, finalmente, abrirnos a nuevas oportunidades de amor y felicidad. Es un conocimiento que nos capacita para superar las adversidades emocionales y emerge más fuertes en el camino hacia la sanación.

Ahora para completar esta maravillosa información que acabas de leer, deseo compartirte un pequeño ejercicio para eliminar el apego material.

El apego material es una trampa silenciosa que puede atarnos a posesiones y objetos de manera irracional. Para erradicarlo y liberarnos, es esencial comenzar por reconocer que nuestras posesiones no nos definen ni determinan nuestro valor. Luego, podemos adoptar prácticas de desapego, como la simplificación y el minimalismo, donde evaluamos cuidadosamente lo que realmente necesitamos y valoramos en nuestras vidas.

Este proceso nos permite liberar espacio físico y mental, al tiempo que nos hace más conscientes de nuestras prioridades y deseos genuinos. Al reducir la importancia de las posesiones materiales, nos liberamos de la carga de mantener y acumular cosas innecesarias. Esto no solo nos da libertad de movimientos, sino también una mayor claridad mental y emocional, lo que nos permite concentrarnos en lo que realmente importa: nuestras relaciones, experiencias y crecimiento personal. Al erradicar el apego material, nos liberamos para vivir con mayor autenticidad y satisfacción.

Ejercicio para Liberarte del "Apego Material"

Aquí te propongo una actividad poderosa. Comienza por regalar, donar o vender aquellos objetos que, aunque te sean especiales, puedes prescindir de ellos. Esto incluye prendas de ropa que adoras, libros queridos o artículos con gran significado emocional. El propósito de este ejercicio es entrenarnos para que las posesiones no nos dominen, sino que nosotros las poseamos a ellas.

Cuando decidas regalar algo, hazlo desde el corazón, sin expectativas. Además, aprende a aceptar cuando alguien, a quien le has regalado algo, decide compartirlo o regalarlo a otra persona. De igual manera, si alguien te hace un regalo que amas, considera la posibilidad de regalárselo a alguien que lo necesite o lo aprecie aún más.

Permíteme compartir una anécdota reveladora de mi tiempo trabajando en una escuela primaria. Una amiga me regaló unos zapatos prácticamente nuevos que ya no usaba, pero que les tenían un fuerte apego emocional. Agradecí el gesto con sinceridad. Sin embargo, lo que sucedió al día siguiente me dejó una valiosa lección. Mi amiga, visiblemente preocupada, preguntó si me había llevado los zapatos a casa, a lo que le respondí que "no". Entonces, ella compartió que no pudo conciliar el sueño pensando en esos zapatos que me había obsequiado. Se planteó una prueba: si yo los llevaba a casa, significaría que ya debía soltarlos; de lo contrario, me pediría que se los devolviera, por doloroso que fuera.

Por suerte para ella, los zapatos aún estaban en la escuela, lo que me hizo reflexionar sobre cómo, a menudo, nos aferramos a cosas sin siquiera darnos cuenta. Esta experiencia me recordó la importancia de soltar lo que ya no necesitamos o usamos, y cómo el desapego puede liberarnos de ataduras innecesarias en nuestras vidas.

Por eso, decidí compartir esta historia en este libro, porque a menudo no nos damos cuenta de cómo acumulamos cosas que nos anclan de diferentes maneras. Aprender a soltar es el primer paso hacia una vida más ligera y libre.

Al liberarnos de las ataduras a las cosas materiales, damos un paso crucial hacia una vida más plena y exitosa. Ahora, armados con la valiosa lección de que nuestro verdadero tesoro radica en experiencias, relaciones y crecimiento personal, estamos listos para explorar el camino hacia nuestro éxito auténtico. ¡Camina hacia adelante, sin mirar atrás, hacia un futuro lleno de oportunidades y logros!

Así concluye nuestro viaje al cerrar este poderoso capítulo. Es esencial comprender "Lo Que No Debes Hacer Para Alcanzar el Éxito en Tu Vida". A lo largo de este y otros capítulos, hemos adquirido las herramientas para liberarnos de las cadenas invisibles que aprisionan nuestra mente y nuestro corazón. Ahora, nos encontramos listos para adentrarnos en un mundo lleno de oportunidades, crecimiento personal y éxito genuino.

Al practicar el desapego, vivir enfocados, cuidar nuestras palabras, gestionar nuestro diálogo interno y cultivar hábitos poderosos, nos convertimos en los maestros de nuestras vidas y mejores administradores de nuestras posesiones terrenales, lo cual nos brinda la libertad de concentrarnos en lo que realmente importa: nuestra vida espiritual, familiar, nuestras metas, relaciones y autodescubrimiento. Espero sinceramente que este libro haya encendido la chispa de la pasión por vivir, la determinación y la gratitud en cada paso de tu emocionante viaje hacia el éxito. ¡Adelante con confianza!

DESPEDIDA

Querido lector, ha llegado el momento de escribir mis últimas líneas. Deseo compartirte lo emocionada que me siento de pensar que las estás leyendo en este preciso momento. Para mí, como tu amiga, te comparto lo especial que es terminar este libro que con tanto cariño escribí para ti.

Deseo darte las gracias por permitirme acompañarte en este viaje a la consciencia; escribí este libro para que lo leas tantas veces sea necesario, para que no te desanimes nunca mientras vas haciendo tus sueños realidad.

Se que hacer los cambios toma tiempo y requiere de nuestra concentración y disciplina, pero estoy segura de que el recorrido es motivador y vale la pena porque vida solo hay una y nunca sabemos el momento en que nos toque irnos.

Hemos sobrevivido una pandemia y nos ha correspondido vivir en un tiempo de transición, en el que seguimos viendo derrumbarse muchas de las ideas que hasta ahora creíamos como verdades. El mensaje es claro: tenemos que reinventarnos, encontrar nuevas formas de accionar y de interpretar la realidad, sabiendo que muchas cosas no eran como nos las imaginamos.

Ahora nos toca escribir una nueva versión de nosotros mismos, no en base a teorías o suposiciones, sino valiéndonos de la experiencia que estamos adquiriendo día con día. Si deseas llevar tu vida a un siguiente nivel, ya conoces el camino. Después de haber terminado de leer este libro, seguramente ya tienes una mayor claridad en lo que NO debes hacer para tener el éxito que deseas en tu vida. Léelo cuantas veces quieras, subraya, comparte lo que has leído con tus amigos o tus seres queridos. Construye tu propio equipo de vida, si aún no lo tienes, sal con todo por tus sueños, y no permitas que nada te detenga.

LO MEJOR ESTÁ POR VENIR... ¡TODO DEPENDE DE TI!

Creo firmemente que en la vida ni se gana ni se pierde, ni se fracasa ni se triunfa...En la vida se aprende, se progresa, se escribe, se borra y se vuelve a escribir...

Aquí estoy para acompañarte si deseas escribir tu propio libro. Todos tenemos un mensaje para compartir, todos tenemos a alguien a quien inspirar, y tú puedes ser el siguiente en ver tu nombre escrito en una portada y ver tu libro hecho realidad.

Si en algo te ha contribuido este libro, te invito a dejarme un comentario en Amazon. Mi deseo es que esta información ayude a muchas personas mostrándoles su poder, para que haya más personas viviendo la vida que desean vivir y hagan sus sueños realidad.

Ahora que si deseas saber cómo escribir y publicar tu libro, en la Editorial Legado Latino estaríamos muy felices de poder ayudarte. Cada año elevamos la meta. Deseamos ayudar a un mayor número de personas a cumplir con su sueño de escribir y publicar su libro.

Quizás deseas dejar un legado a tu familia, posicionarte en tu nicho o deseas acercarte más a tus clientes. Lo que sea que te lleve a desear escribir y publicar tu libro es una razón muy válida. Aquí estamos para asistirte si así lo deseas. Si deseas más información, puedes enviarnos un correo electrónico a:

legadolatinoedm@gmail.com

Sinceramente, tu amiga...
Keitha Rojas

Made in the USA
Columbia, SC
31 October 2023